U0903277

南京稀见文献丛刊

新南京

（民国）南京市市政府秘书处 编

南京出版社

《南京稀见文献丛刊》学术顾问

茅家琦　蒋赞初　梁白泉

总　序

南京是我国著名的七大古都之一，又是国务院首批公布的24座历史文化名城之一。有将近2 500年的建城史，约450年的建都史，号称“六朝古都”、“十朝故都”。南京的地方文献是中华历史文化资源的一个重要组成部分，是研究我国政治、经济、军事、文化和民风民俗的重要资料。按照南京市委、市政府以科学发展观统领全局的要求，配合经济发展与城市建设，深度挖掘历史文化资源，做好历史文献整理出版工作，不仅有利于传承、弘扬南京历史文化，提升南京品位，扩大南京知名度，也有利于当前的物质文明、精神文明、政治文明和社会文明建设。

长期以来，南京地方文献还没有系统地整理出版过，大量的南京珍贵文献散落在全国各地的图书馆和民间。许多珍贵的南京文献被束之高阁，无人问津，有的随着岁月的流逝而湮没无闻。广大读者想要查找阅读这些散见的地方文献，费时费力，十分不便。为开发和利用好这一祖先留给我们的文化瑰宝，充分发挥其资治、存史、教化、育人功能，南京出版传媒集团·南京出版社组织了一批专家和相关人员，致力于搜集整理出版南京历史上稀有的、珍贵的经典文献，并把《南京稀见文献丛刊》精心打造成古都南京的文化品牌和特色名片。为此，我们在内容定位上是全方位、多视角地展示南京文化的深层内涵和丰富魅力；在读者定位上是广大知识分子、各级党政干部以及具有中等以上文化程度的人；在价值定位上，丛书兼顾学术研究、知识普及这两者的价值。这套丛书的版本力求是国内最早最好的版本，点校者力求是南京地方文化方面的专家学者，在装帧设计印刷上也力求高质量。

总之，我们力图通过这套丛书的出版，扩大稀见文献的流传范围，让更多的读者能够阅读到这些文献；增加稀见文献的存世数量，保存稀见文献；提升稀见文献的地位，突显稀见文献所具有的正史史料所没有的价值。

《南京稀见文献丛刊》编委会

导 读

《新南京》由南京市政府秘书处编辑、发行，南京共和书局印刷、代售，民国二十二年(1933年)十月一日出版。该书正文计11章，附插图27幅，内容包括南京史地概略、名胜古迹、市行政组织、警政概况、市财政及地政概况、教育概况、水陆空交通、公共卫生、市救济事业、农工商业、各机关社团地址诸多方面，客观、真实地反映了民国时期南京建市六年中的发展历程，是考察民国南京建设不可多得的文献。

先说该书编辑、发行者——南京市政府秘书处。1927年4月24日，南京市政厅成立，刘纪文出任首任市长，标志南京现代意义上"市"级行政建制的开始。6月1日，南京市政厅改称"南京市政府"。6月6日，南京国民政府颁布了《南京特别市暂行条例》，规定南京为国民政府所在地、直隶中央政府，市政府设秘书若干人"掌理机要事务及整理文书"，设总务科"主管文牍及印信，保管档案事项"，"编辑印刷市政公报等各种市立条例及报告"，"掌理会计庶务及收发事项"及"其他事务之不属各局专管者"。1928年8月4日，根据国民政府公布施行的《特别市组织法》，南京市第四次市政会议通过了《南京特别市市政府秘书处组织条例》，规定设秘书长一人，秘书二人。此外，分设两科，第一科设文书股、特务股、统计股，第二科设法制股、宣传股、编译股、出版股。1930 年 6 月 27 日，根据国民政府新的《市组织法》(5 月 20 日，国民政府公布施行)，南京特别市更名为“南京市”。1931 年 4 月 20 日，行政院第五十六次会议决议修正通过了《南京市政府组织规则》，规定秘书处设秘书长一人，秘书一人至三人；秘书处分设三科：第一科设文书股、会计股、庶务股、外务股，第二科设审核股、统计股、编译股，第三科设医务股、清洁股。上为南京市政府秘书处建置沿革概况。《新南京》由南京市政府秘书处第二科编译股具体负责编写。

再说该书印刷、代售者——南京共和书局。1927 年 2 月，刘纯在《中华图书馆协会汇报》第二卷第 4 期上刊登了《南京书肆调查表》一文。根据该文，共和书局开设在花牌楼，成立于宣统元年(1909 年)，经理为史久成，自有出版兼售他书，有书目，折扣划一。1928 年 8 月，共和书局出版了徐寿卿编写的《新南京志》，附有《本局营业一览表》的广告，经营范围如下：“(一) 书籍部发行中山主义党化新书、学校读本、地图、杂志、经、史、子、集、医、卜、星、相、新旧小说等；(二) 文具部专售学校用具、美术用品、运动器械、高等足球、队球、垒球、篮球、球拍、球网、西洋绒球、独家经理华脱门厂老牌自来水笔、誊写器具、蜡纸、钢板、中华墨汁、红篮墨水、浆糊、胶水、打字机器、打字蜡纸、美术信封、信笺、各式抄簿、日记薄等，零趸批发，特别克已；(三) 材料部专售红白卡片、印刷机器、德国印石、欧美各国彩色油墨、铜版、胶版，一切印刷用品，无不完备；(四)军事书籍部，凡官佐目兵各级各科应用书籍，暨最近出版之新式兵器学，最新发明之各种战术等共千百余种，均分部陈列敝局北号发行所，欢迎军事家之参观焉。”

该书取名“新南京”者，其“新”意约略有三：其一，编辑资料新；其二，市政理念新；其三，市政风貌新。

其一，编辑资料新。该书采用最新调查成果，如第一章《史地概略》：“南京人口，据首都警察厅二十二年七月份调查，共有十三万三千四百九十五户，六十八万一千八百五十五人。”再如第二章《名胜古迹》：“惟是各地胜迹，因代久年邃，几经兵燹，毁废良多，市府有鉴于斯，前特派员详为调查，加以考证，以免湮没无彰，致使观光人士，欲揽胜探悠而莫知所适。”又如第十章《农工商业》：“南京市各业工厂，据社会局举办之工厂登记，截止二十二年六月底止，共有工厂一二二家，资本总数为五七六八五七八元，兹将各厂名称，地址，负责人姓名等项，按业分别胪述于后。”该书抄罗最新法规章程，如第三章《市行政组织》，附有 1931 年 4 月 20 日行政院第五十六次会议决议修正通过的《南京市政府组织规则》；再如第八章《公共卫生》，附有 1933 年 6 月 24 日南京市政府核准备案的《南京市立传染病医院暂行诊疗章程》、《南京市立传染病医院住院规则》；又如第五章《市财政及地政概况》，附有 1933 年 9 月行政院核准备案的《南京市政治区域住宅区土地整理章程》。正是因为最新调查成果的采用，最新法规章程的辑录，使得该书成为了解 1933 年 10 月以前南京城市建设可靠、实用、权威的文献，堪称城市发展“实录”。

其二，市政理念新。南京并非全国最早建制“市”级行政的地域，但是南京拥有全国最新的市政建设理念，这主要表现在机构专业化、管理规范化、建设科学化三个方面。以机构专业化而言，南京建市后，相继设立财政局、工务局、公安局、教育局、卫生局、土地局、社会局、秘书处等专门管理机构，后以“困于经费”、“市政之需要”、“增加事业费减少行政费”等，或裁撤省并，或重新建置，形成了系统、完整的组织系统。就管理规范化来说，提供社会需求信息，如水陆空交通时刻、农工商业生活信息、各机关社团地址等；建设社会公共设施，如自来水厂、交通道路、文化教育机构等；制定社会规范标准，如制定《不动产卖典暂行规则》《玄武湖游船价目表》等。自建设科学化来讲，首先进行详细调查，如 1929 年 12 月 31 日，林逸民《呈首都建设委员会文》(国都设计技术专员办事处：《首都计划》，南京出版社 2006 年版)中提到：“设计先务在于查勘此类事项，如交通之状况、气候之变化、风雨之情形、古迹名胜、文化机关、公共建筑之所在、大小工商事业之现状、江潮之涨落、人口之数量与密度、机关职工之人数、土地之价格、城内各地之面积、地势之高下，以及其他具有关系各项，在成立之初即已竭力进行，广为查考，并将所得结果制定图表，以为设计之预备。”其次实施系统规划，如《首都计划》包括南京史地概略、南京今后百年人口之推测、首都界限、中央政治区地点、市行政区地点、建筑形式之选择、道路系统之规划、路面、市郊公路计划、水道之改良、公园及林荫大道、交通之管理、铁路与车站、港口计划、飞机场站之位置、自来水计划、电力厂之地址、渠道计划、市内交通之设备、电线及路灯之规划、公营住宅之研究、关于学校之计划、工业、浦口计划、城市设计及分区授权法草案、首都分区条例草案、实施之程序、款项之筹集等二十八方面内容。详细调查、系统规划是建设科学化的前提,奠定了南京城市格局、功能分区、道路系统的基础。正是机构专业化、管理规范化、建设科学化的市政理念,南京被誉为"中国第一个按照国际标准、采用综合分区规划的城市"。

其三,市政风貌新。对此,《新南京》未作明确说明,然而前此出版的《新南京志》中全面阐释了"新"字内涵。《新南京志》说:"自民国十六年,由我总司令莅临南京,改为首都,铲除一切之旧习,焕然一新。试就其大概观之:青天白日,满地遍插于六街三市,新国旂矣。重修马路,凡街道之狭隘者,一律规定丈尺,缩让放宽,车马行人无拥挤之患,新市政矣;旧有衙署,悉易名称,督军府为委员会,警察厅为市公安局,县知事为县政府,审判厅为司法院,新官制矣;打倒军阀,收回租界、关税,取消不平等条约,新标语矣;鸭尾头、旂袍衣,新女子矣;博士帽、中山服,新人物矣;至其他新事业、新教育不胜枚举,谓之为新南京,谁曰:不宜!"此段文字,虽然不乏阿谀溢美，但是新国旗、新市政、新官制、新标语、新女子、新人物、新事业、新教育诸多举措，谓之“焕然一新”，当无不妥，是书名《新南京》者，尚有市政风貌新的意思。

最后需作三点说明：一、原书有标点，本次再版，我们主要做了一些校对注释工作，并对原书标点不合现今规范之处做了修订。二、原书目录无页码，为便于读者查阅，我们特地加上页码。三、原书附有《中央军校最新译本新出版》、《真正国产之飞虎牌誊写器具蜡纸钢板》等商业广告，此次未作保留。

邢东升

目　录

第二章　名胜古迹

①②③④　原本正文中此级标题为(一)(二)(三)(四)，目录为(甲)(乙)(丙)(丁)，现改。

---

① 原本正文中此级标题为(五),目录为(戊),现改。

② 正文中为表格。

---

① 正文中为表格。

总理遗像

总理遗嘱

余致力国民革命凡四十年，其目的在求中国之自由平等。积四十年之经验，深知欲达到此目的，必须唤起民众，及联合世界上以平等待我之民族，共同奋斗。

现在革命尚未成功，凡我同志，务须依照余所著《建国方略》，《建国大纲》，《三民主义》，及《第一次全国代表大会宣言》，继续努力，以求贯彻。最近主张开国民会议，及废除不平等条约，尤须于最短期间，促其实现，是所至嘱。

北
浦
口
子
江
江
心
洲
央
江
圖例
城牆
大道
小道
官署
磚牆
鐵柵
竹籬
小堤
水流方向
水点
中山陵界
濕地
竹林
雜樹林
陸軍兵營
公安局分署
電報局
廟宇及祠堂
水井及塔
鐵道及車站
鄉村道
不定道
房屋
石牆
土牆
木柵
土堤
河道
木橋
渡口
岩石
湖池
土堆
稻田
桑園
松林
墓園
俱樂部
無線電柱
郵政局及關卡
碼頭
測候所及學校
三萬分一之尺

首都干路系统图

首都干路定名图

总理陵墓

总理墓门

明孝陵

市府大门(原为贡院明远楼)

夫子庙

第一公园大门

第一公园烈士祠

五洲公园(玄武湖)

五洲公园纪念塔

莫愁湖

灵谷寺

谭院长墓

挹江门外广场

兴中广场

中山门

太平路

中华路

中华门环城马路

中正路

山西路

汉中路

朱雀路

自来水厂动力室及储藏室外景

自来水厂动力室内部机器

第一章　史地概略

南京自古为帝王之都，虎踞龙蟠，山川如画，文物著六朝之长，财富擅东南之美。近且轮轨交通，绾毂南北，首都斯奠，中外具瞻。是其历史之事实与自然之现象。有足述者。兹略疏于次。

（一）南京之历史

（甲）名称之沿革　南京之名，始自明代，晋、隋、唐、清皆著江宁之名，民国因之。此外楚曰金陵，秦曰秣陵，汉属丹阳，吴曰建邺，宋曰建康，其名号之因代而异也如此，即其疆域亦不尽同，上举诸名，亦称其涉及南京之地域而已。

（乙）政治上之地位　南京建都始于吴，东晋南朝因之，南唐明初，亦曾都此，民国成立，孙总统即就职于南京，既而袁氏当国，国都复迁于北平，迨国民革命成功，统一全国，始遵总理遗志，复奠都焉。其为国都所在，不只一朝，其在政治上地位之重要，亦可知矣。

（丙）军事上之地位　南京为用兵必争之地，周秦已然，后此战迹，不可胜纪，降及近代，洪杨据有南京，清廷为之大震，辛亥革命以还，国内兵争，多有牵及，盖其境内，幕府狮子乌龙雨花台诸山，皆为险要之地，且地当长江下流之冲，既具进展之资，亦复险固可守，固一重要地点也。

（二）南京之地理

（甲）位置 南京位于长江下游，在江套之南部，东距江口约四百公里，由空中向东北行直达于海，约长二百四十公里，由铁路达上海，约三百一十公里，隔江与浦口相对，相距约一千公尺，为全国主要交通路线之中心，四面环以城垣，长共三四·二三公里。①

（乙）地势 南京各处地面高度，高出于吴淞最低水平之上约为五公尺至十五公尺。城内南部地多坦平，东部略有高山，西北则小山起伏，唯②无高出海平八十公尺者。城外大小山陵甚多，所有山坡皆甚峻，东部之紫金山高出平地四百二十公尺，为全境最注目之处。北部八卦洲南岸有一山脉，其中最重要者为老虎山，高一百八十公尺。浦口近郊各处地多平坦而卑湿，夏季常为水没，唯其北则有高山一列，高出一百公尺之上。南部诸山皆小，最著为雨花台。紫金山东部山谷中，有石山围绕于其南，俗名青龙山及黄龙山。又扬子江之两面江岸，皆有大幅地段，江潮涨时，每被淹没。此南京地势大略也。

（丙）河湖 南京河流，以长江为最著。长江从西南来，至江心洲南端分为二流，东部之支流即夹江也。夹江至江心洲北端与主流复合，又北行在距下关二公里半处又分为二，包围八卦洲于其中，主流位于八卦洲北，南亦夹江也。主流更由东而东南，至八卦洲东端，复与夹江相合，再由是而东流，以达于海。

---

① 三四·二三：即34、23，本书按民国原本排版，下同。

② 唯：原书误作“惟”，以下径改。

此江为南京水路交通之重要部分，轮船出入必经之。至城垣西南东三部，皆为护城河所环绕，城内南部则为秦淮河所横贯，唯内地水路运输，只资护城河而已，西北亦有一河名惠民，盖所以备船艇之避风者也。城内湖沼甚多，其著者有西部之莫愁湖，东北之玄武湖，皆具美丽之风景，为都人士游憩之所。

（丁）土壤及地层 南京土壤可分二类，一为冲积之泥，一为肥土，后者见于城中各处，及西北部之斜山。泥土之泄水力甚微，每有相隔只二公尺之水池，水平即相差异。城外之山，大半为硬脆之石质所成，石灰石甚少，其成分之最著为石英、沙石、孕子石等。地层之主要方向为东西二向，而斜度则南向五十余度也。

（戊）民居 南京人口，据首都警察厅二十二年七月份调查，共有十三万三千四百九十五户，六十八万一千八百五十五人，较之民元增加将及三倍，人口最稠密之部分①，乃在城南，距长江最近处约六公里，距下关约九公里，城墙以内之地域，计其面积，有四〇·八〇四平方公里，至省市划界后之全市面积，则为四七七·八四五平方公里。

（己）温度 南京气候中和，夏不甚热，冬不甚寒，情形甚似上海。自有纪录以来，温度以摄氏表零下十三度为最低，以摄氏表三十七度为最高，超过三十二度之温度，多在七八月之间。民国十一年最热，其热度超过三十度者计有五十五日，普通自三月十九至十一月十四二百四十日中，户外多不结霜，而自有纪录以来，最早之结霜日为十一月一日，最迟为四月六日。

① 部分：原文误为“部份”，以下径改。

（庚）雨量 关于南京之雨量，每年平均约为一〇八一·三公厘，下雨日数约为一年百分之三十五，比之徐家汇天文台所报告之上海每年平均雨量一一四七·九公厘，略为减少。其中雨季可分二期，其一则四月一期，其一则六月至九月之期间也。

（辛）湿度 南京平均之潮湿度，与美国南加路连那州之查理土顿城相类，大抵湿度不如上海之闷人，器物之发霉，亦不如上海之容易。计其平均湿度，一月至五月约为百分之七七·八，此期间内每月大抵相同，六月至九月约为百分之八一至八三，其中以七月为最大。即达百分八十三之数，十月至十一月约为百分之七十八，十二月约为百分之七十六，而每年平均湿度，则为百分之七十九也。

（壬）风 南京亦间有大风，唯暴烈之飓风则罕有，普通风向，多为东，东北，及北三向。

第二章　名胜古迹

金陵夙称名都，擅山水园林之胜，而往事遗迹，代有声闻，自国府奠都于兹，中外荟萃，四方辐辏，首都风物，愈为世人所推崇，唯是各地胜迹，因代久年邃，几经兵燹，毁废良多，市府有鉴于斯，前特派员详为调查，加以考证，以免湮没无彰，致使观光人士，欲揽胜探幽而莫知所适。计东区胜迹之经调查者，有明孝陵中山陵紫霞洞灵谷寺汤山秦淮河夫子庙第一公园等处，南区胜迹之经调查者，有雨花台方正学墓周处台刘园等处，西区胜迹之经调查者，有莫愁湖粤军烈士墓花盝冈古井清凉山乌龙潭浙江烈士祠石头城等处，北区胜迹之经调查者，有鼓楼钟亭北极阁六朝松鸡鸣寺台城玄武湖等处，此外下关区胜迹之经调查者，有栖霞山观音门燕子矶永济寺崖山十二洞等处，综计首都名胜古迹，不下三四十处，兹分别略述梗概如下。

（一）东区

（1）贡院明远楼　贡院创建于明永乐时，为科举时代秋试之所，在东区夫子庙东。国民政府建都南京，即就院址，设立市政府。明远楼为院内旧遗建筑物之一，居市府之首，形四方，高三层，登临四顾，秦淮风景，历历在目。

（2）贡院飞虹桥　桥系青石筑成，有长方形水池，在旧贡院即今日市府内，树木森森，颇饶风景。

(3) 文星阁 亭六角形，在夫子庙前，高凡三层，顶瓷质蓝色，蛋圆形，下临秦淮，风波荡漾，朝暾夕晖时，亭顶常发异彩。

(4) 秦淮小公园 园之面积，约数十方丈，成长方形，亦为贡院旧址，在夫子庙贡院街前，背临秦淮河，前经市府简单修饰，植树数十株，并题名曰秦淮小公园，迄今绿叶扶疏，蔚然为市民休息之所。

(5) 夫子庙 在秦淮河北岸，东牌楼文德桥旁，正中大成殿，后有明伦堂尊经阁，现市府以大成殿为市立图书馆馆址，明伦堂为市立夫子庙小学校舍之一部，庙前原立有大牌楼一，年前经市府重新改建，并就四周空地，辟为广场，庙之左右，游技麇集，百戏杂陈，茶坊酒肆，鳞次栉比，实为市集之中心点。

(6) 古桃叶渡 桃叶渡建自南朝，即今之东区利涉桥也，相传为王献之渡爱妾桃叶处，故名。

(7) 秦淮河 河在复成桥西，城内之水，以此为纲，相传秦始皇用望气者言，凿方山，断长垄，以泄王气，导淮水入江，故名，为六朝烟月之区，画舫栉比，歌声彻天，自市府厉行禁娼后，淫靡之风始息，旧日画舫，停废不少，市社会工务两局，为防止船户任意向雇客索取船资起见，特订定秦淮河游船等别、价格，暨限载人数办法，兹附录于后。

甲　游船等别：

一等　十平方公尺以上者(即原来工务局规定之四等)；

二等　五平方公尺以上者(即原来工务局规定之五等)；

三等　未满五平方公尺者(即原来工务局规定之六等)。

乙　游船雇游价格：

一等　每小时大洋五角；

二等　每小时大洋四角；

三等　每小时大洋三角。

丙　游船限载人数：

一等　游船每只限载十二人；

二等　游船每只限载十人；

三等　游船每只限载八人。

(8) 韬园　在复成桥东岸，为清蔡和甫所筑，现为江苏省立民众教育馆馆址，花草亭楼，布置颇精，秦淮风景，于此最胜，夏夜停舟纳凉，倍增兴趣。

(9) 九龙桥　建自明代，在通济门外，桥有五衖，下临护城河，市府于该处设有游泳池，每届夏令，市民之前往游泳者甚众。

(10) 第一公园　旧名秀山公园，在复成桥东，半边桥畔。秀山为故军阀李纯之字，该园亦即以李之遗资所建，自国民革命军克复南京后，遂改今名，由市府管理。该园面积甚广，园内花木参差，布置新颖，颇饶风景。又有烈士祠及纪念碑塔等如左。

(子) 烈士祠　在园之东北隅，凡二层，祠之四周，绕以石栏，正面有石级可登，祠内立革命烈士之神位及遗像。

(丑) 龙潭讨孙阵亡将士纪念碑　碑建于民国十七年，为方锥立体形，以白石建成，高可丈余，矗立烈士祠前。

(寅) 国民革命军讨孙阵亡烈士纪念塔　塔为白石建成，

八角形，高可二丈余，亦在烈士祠前，与龙潭讨孙阵亡将士纪念碑同垂千古。

(卯) 飞来剪 原在宫后山，铁塔寺遗址，重逾数百斤，两股横径约七八尺，长倍之，铁质，俗传自天上飞来，故名，实则剪腹有上下二孔，颇类古代建筑起重之具。市府前为保存古物，以免毁废起见，特将此剪移置园中，便众展览。

(辰) 历史博物馆 在烈士祠东南首，馆内陈列古物甚多，并有各种模型，为本市社会教育重要设施之一。

(巳) 逍遥游 在烈士祠西首，设有茶社，游客可在此品茗休憩。

(11) 明故宫 明故宫在城之东南隅，位于中山门之西，光华门之北，为明紫禁城旧址，一名皇城，洪武二年九月建，六年八月告成，成祖建都北平，移宫殿巨材至北，以备营建，及后又经洪杨及光复之兵燹，遗迹荡然，仅足凭吊而已。宫前为午朝门今仅存门基，又前为五龙桥，桥凡五座，东西并列。

(12) 古物保存所 在西华门东，所内陈列碑石古物颇多，室之正中，有碑脉纹似血，相传为方正学草诏就义溅血于宫殿前阶石遗留之迹。

(13) 四方城 城在中山门外，成四方形，东西南北各有一城，为明初所建。

(14) 明孝陵 明孝陵为明太祖灵榇葬地，在中山门外，旧灵谷寺基，与马皇后合葬，懿文太子祔于左，清圣祖南巡，亲题"治隆唐宋"四字，勒石树碑。此外复有遗迹述之于后。

(子) 石兽翁仲 明孝陵前，石兽翁仲甚多，耸立陵道两旁，盖所以壮观瞻者。

（丑）明太祖遗像 像系墨笔所画，悬于明孝陵祭堂内，太祖以武力贯彻民族主义，后人瞻仰，钦敬无已。

（寅）马娘娘梳妆台 台在祭堂后面，相传为马娘娘梳妆处，高约五丈余，下有隧道，作穹窿形，由此可登台巅，台后有冈隆然，松柏错杂，即明太祖埋骨之所也。

(15) 紫霞洞 由明孝陵东北行约里许，有紫霞洞，广可容十余人，上有清泉，水味甘美。

(16) 总理陵园 出中山门向东北行约十里，即至总理陵园，位在明孝陵之东，钟山之麓，气象雄伟，规模宏大，全部工程，融会中国古代与西方建筑之精神，坚朴壮丽，别创新格，殊足表示一时代之艺术。陵园面积，都四万五千八百余亩，奄有钟山全部，岧峣岐嶷，雄视首都之东，实为东南名区。园内辟有果园，竹林，苗圃并种有其他农作物。又园之西南部，辟有植物园，广罗中外花木，为改良研究植物之所。而园内各建筑物附近，及名胜之处，无不广植花木，以资点缀。盖一区之中，兼有纪念建筑，农林实验，及公园布景者也。总理陵墓居园之中部，拾级而上，直达祭堂，内供总理石膏坐像一座，弈弈如生。堂之后壁，即为墓门，墓室作穹窿状，室之中央，即为大理石圹，圹之中央，设长方形之墓穴，为总理灵榇奉安之所，墓穴上覆以总理大理石卧像一座。人民前往谒陵，订有规则，兹附录谒陵规则如下。

谒陵规则

（一）参谒陵墓者，须遵守下列规则：

一,入祭堂须脱帽致敬,入墓门须静默致敬。

二,不得携带手杖雨伞及照相机等件入内。

三,不得喧哗,不得随意涕吐,不得践踏草地,攀折花木。

四,不得带犬,或其他动物。

五,不得涂抹墙壁。

六,不准吸烟。

七,不准在地上抛掷果皮纸屑等物。

(二) 国内外团体代表来京谒灵者,须预先通知总理陵园管理委员会,以便谕知警卫引导参谒。

(三) 总理陵墓祭堂开放时间如左:

三月至十月　　每日上午八时至下午五时

十一月至二月　　每日上午九时至下午四时

(四) 总理墓门开放日期如左,时间仝上:

一月一日　　国庆日

三月十二日　　总理逝世纪念日

五月五日　　国庆日

六月一日　　总理奉安纪念日

十月十日　　国庆日

十一月十二日　　总理诞辰

(17) 灵谷寺　寺本在城东北钟山左独龙冈,梁天监中帝为志公建于钟山玩珠峰前,名开善精舍,后简称开善寺,宋改名太平兴国寺,嗣复易名蒋山寺,明太祖以寺基为孝陵,敕改寺于东五里,赐额灵谷寺。寺之四周,树木森森,颇饶风景,为南京著名丛林,寺内植有牡丹,多系名种,每当春日,前往玩赏者,踵相接焉。该寺原有殿宇，除无量殿尚存肤廓外，其余均为洪杨之后所新建，寺内古迹甚多，其足记述者有四：

(子) 净土指南碑 碑有吴道子画，李太白赞，颜真卿字，为唐代所建。

(丑) 蟠龙石 石雕蟠龙，形似大碑顶上所用者，为明代之雕琢物。

(寅) 龙池 池为正方形，深约数尺，在丛林旁，明代所建。

(卯) 志公塔 在无量殿正北，原有塔五层，年久失修，无复旧观。

(18) 国民革命军阵亡将士公墓 现正在建筑中，按公墓建筑设计，系就灵谷寺无量殿后之五方殿旧址，及无量殿东西各约一千尺之山凹中，建筑公墓三处，并恢复无量殿原来式样，改为祭堂，志公塔前建纪念堂，其后数百武，造纪念塔，公墓地点，适在总理墓之左，将来可与明孝陵东西对峙，并列而三，同为民众所崇仰。

(19) 谭院长墓 在灵谷寺旁，建筑宏丽，不亚于总理陵墓。游灵谷寺后，可顺道前往瞻仰。

(20) 中央运动场 在谭院长墓之南，面积广袤，设备周全，看台可容六万余人，台下隔成房间，足供运动员二千七百人住宿之用。

(21) 汤山 在中山门外六十余里之汤泉乡汤水镇，高约与钟山等，有温泉由山麓下流，经沐浴池、汤王庙，而汤水镇。泉水含有硫磺矿质，浴此于皮肤有益。年来往游者日众，菜馆旅馆，已先后设立，足供游客食宿矣。

（二）南区

（1）白鹭洲公园 在武定门内，小石坝街附近，三面环水，亭榭相间，树木参差，风景清幽。或谓唐李白之“三山半落青天外，二水中分白鹭洲”，系对此处而言，实否尚待考证。

（2）正觉寺 寺在门东小心桥东，有房屋四进，为清时所建。

（3）赤石矶 矶在门东小心桥，现仅有巨石数块，在周处台旁。

（4）周处台 在中华门内，三条营观音庙后面。相传晋时有周处者，性愚蠢，为乡人所恶弃，一日路遇老人，告以南京有三害，一为蛟，一为虎，一为周处，处遂斩蛟杀虎，改过迁善，读书于此。

（5）报恩寺 寺在中华门外，宋代所建，原名长干寺，明时始改今名，现市立米行街小学设立于内。

（6）雨花台 台在中华门外，形势险要，为兵家必争之地，其上设有炮台，光复时革命军与清军曾在此剧战，至今犹有遗迹可寻。此台相传梁武帝时，有云光法师在此讲经，忽天花乱坠，故名。台旁及其上下亦多名胜述之如左：

（子）石子岗 雨花台上有石子岗，产五彩石子，灿烂悦目，即著名之雨花石也。

（丑）讲经坡 在雨花台之顶端，左右皆为炮台。

（寅）永宁泉 在雨花台麓，永宁寺对面，故名。泉凡二眼，水出地面约三尺，味颇甘美，相传为天下第二泉。泉东设有茶社，往游者可在此瀹茗稍[①]憩。

---

① 稍：原文误为“梢”，现改。

(卯) 方孝孺墓　方希直先生，为明代忠臣，就义后葬于雨花台之旁，墓之三面皆背山。

(辰) 方亭　亭在雨花台之顶，系纪念方孝孺先生之建筑物。

(7) 刘园　一名又来园，在中华门外，雨花台附近，为清刘舒亭明府之别墅，园内有刘公墩、云起楼、又来堂、凌波仙馆、拥翠堂、萦青阁、师竹轩等名胜，山水清幽，别饶雅趣。

(8) 天界寺　寺在中华门外五贵桥，元时为龙翔寺，明初始改今名。

(9) 胡园　园在门西鸣羊街，昔为徐锦衣西园，再易主而为吴中丞用光之园，后为胡煦斋太守所得，一名愚园，园中设计，系采用大观园之形式，从前古木丛篁，莲池亭榭，极清雅幽邃；假山之堆砌，尤为玲珑精巧，年来将园内房屋租人居住，内部倾圮不堪，未加修理，若再逾数年，恐原有之规模，亦将不见，殊可惜也！

(10) 花盝冈古井　井在门西仓顶永祥禅林旁虽大旱不涸，相传井内四方有铁金刚托之，井栏四围，绠痕深入石寸许。

(11) 牛首山　俗名牛头山，在中华门外三十里，上有宏觉寺、白云梯、文殊洞、地涌泉诸名胜，山巅有石突出，形似牛首，故名。

(三) 西区

(1) 莫愁湖公园　莫愁湖在水西门外，澄泓一碧，风景绝佳。相传南齐时有女卢莫愁居此故名，梁武帝尝作《河中之水》歌，以咏其事。湖周围约六里，湖中遍植菱荷，与岸柳汀芦交相映辉，清幽古雅，景色宜人，市府特辟为公园，以供市民游憩。其中名胜述之于次：

（子）胜棋楼　楼凡五间，在华岩庵内，莫愁湖滨，登楼四瞩，莫愁诸景，一览无余。此楼相传为明太祖与徐中山弈棋处，徐胜，故名。楼下为郁金堂，中悬莫愁女及中山王遗像。

（丑）曾公阁　阁在莫愁湖滨，胜棋楼西，三面临水，风景清幽，为宁人追仰逊清两江总督曾文正公而建。

（寅）粤军烈士墓　墓在莫愁湖旁，曾公阁西，民国元年所建，内有总理所书"建国成仁"大石碑。

(2) 朝天宫　宫为古冶城遗址，在汉西门东，宋名天庆观，元名元妙观，后又改为永寿宫，明洪武中重建，赐额朝天宫，殿后有万岁亭，凡大朝贺于此习仪，清中叶改建文庙。

(3) 龙蟠里　里在汉西门内，清薛时雨主讲之惜阴书院即在里内，院内风景绝佳，为西城之冠，一名薛庐，附近并有颜鲁公、曾文正公、沈文肃公三祠。

(4) 浙江烈士祠　祠在龙蟠里之东南，祠内建有碑亭，碑后刻有烈士姓名，为民元光复时浙军之死于战事者，碑亭后即为祠堂，两旁楼台，布置井然。

(5) 乌龙潭　潭在薛庐后背，作椭圆形，中有宛在亭，形六角，高二层，有土埂路可通亭中，晋代所筑，旧说晋时潭见乌龙，故名。

(6) 清凉山　在汉西门内，为城内西部之高邱，本市自来水之蓄水池，即筑于此山，山上胜迹甚多，兹择要记述于后：

（子）清凉寺 寺在清凉山上，有佛殿三间，四环朱垣，掩映于绿树丛筱间，颇饶画意，该寺原名兴国寺，南唐昇元初，改名石头清凉禅寺。

（丑）方亭 亭以方形得名，在清凉寺前左侧，民国初年所建。

（寅）六朝井 井在清凉寺后，久已圮废，仅存井栏半圈。

（卯）扫叶楼 楼在清凉山南，为明代遗老龚半千自号扫叶僧者所建，故名。内悬遗像，楼中布置古雅，可供游客休憩。登楼远眺，钟山在目，明陵与中山墓可以指数，南视则层楼叠阁，舍宇连垣，极街市繁荣之盛，西瞰则长江如带绕城东去，且地接莫愁，每当夕阳西下，波光荡漾，作黄金色，照映城廓，宛如画图。

（辰）耶教公墓 墓在清凉山上，围有矮墙，墓旁老树参天，风景极佳，为清时所建。

（巳）茅亭 亭在清凉山上，登临远眺，四大皆空，矮树数株，参错其前，更增雅趣。

（午）九华胜迹 在清凉山上，山路之右，房屋完整，清初所建。

(7) 石头城 城在汉西门外，本吴时土坞，后因山加甓，因江为池，形势险固，有金城汤池之喻，亦名石首。

（四）北区

(1) 鼓楼 明洪武十五年建，在北极阁西，基为长方形，高十余丈，下辟三门，上有畅观阁，豁眸四瞩，足快胸襟，阁内有清圣祖戒碑，高二丈余，民国十二年，改建公园，四周遍植花木，并建有八角亭一座，假山水池，布置井然。现中央研究院设天文研究所于鼓楼之上，因此鼓楼公园亦由该院经管。

(2) 钟亭　亭六角形，在鼓楼无量庵旁，高数丈，清江宁藩司许振祎建，将卧钟厂之钟掘起，悬于其上，叩之声闻数里。

(3) 北极阁　在鼓楼之东北，为元代所建，因年久失修，已就圮废，现中央研究院就阁之旧址，建筑气象台，其旁并设有无线电台。

(4) 六朝松　松在中央大学梅庵内，高约三丈余，相传为六朝时物。

(5) 鸡鸣寺　寺在成贤街北，内有豁蒙楼，楼北向，遥瞩玄武湖，风景绝佳。楼之东侧，更有一楼，东向，曰景阳楼，为明代所建。楼下有胭脂井一名景阳井为陈时宫井。

(6) 施食台　在鸡鸣寺前，相传元时刑人于此，尝有鬼魅祟人，明洪武初，迎西番僧结坛施食，以度幽冥。

(7) 台城　在鸡鸣寺北，魏晋谓天子所居禁省为台，故遂名为台城。梁承宋齐之旧，宫殿皆在台城，梁武帝遭侯景之乱，饿死于此。现仅有遗址一段未圮，与城墙相接，登城远瞩，钟山、后湖历历在目。

(8) 玄武湖　在玄武门外，群山环抱，形势壮丽，本古桑泊，吴宝鼎二年，开城北渠引前湖水流入新宫，遂名后湖。宋元嘉中，筑堤壅水，名北湖，同时黑龙见，因名玄武湖。湖周围约四十里，中有新、老、长、菱、芷五洲，今改称美、欧、亚、澳、非五洲，并经市府辟为公园，即以五洲名之。现已开辟者仅美洲全部，市府刻正计划开辟亚、欧两洲，不久当可实现。洲上遍植樱桃，每当春日，樱花盛开，美丽绝伦，所结樱桃，味特鲜美，为南京著名出产之一。夏季湖中荷花怒放，更为增色。美洲胜迹颇多，有湖神庙、赏荷厅、观音阁、湖心亭及张端二公祠，祠原名陶公亭，初祀端陶斋尚书，后易为陶然亭，合祀张文襄，现市府设昆明义务小学于其内。洲上居民除务农外，多置有游船，供客雇用，市公园管理处为防止船户任意需索起见，特规定价目，俾资遵守，而免纠纷。兹附录该处最近所订之《玄武湖游船价目表》如下：

玄武湖游船价目表

游　船	特号	头号	二号	三号	小游船
座位数	十五人	十人	八人	六人	四人
（一次） 由玄武门至湖神庙	小洋八角	小洋六角	小洋四角	小洋二角	小洋一角
（来回） 由玄武湖至湖神庙	大洋 一元二角	大洋一元	小洋八角	小洋四角	小洋二角
（小圈子） 由玄武门北过板桥经欧洲峡亚洲头至玄武门南	大洋 一元五角	小洋 十四角	小洋十角	小洋五角	小洋三角
（大圈子） 由玄武门北经美洲之西北部过头道桥经澳洲及大闸至玄武门南	大洋二元	大洋 一元五角	大洋一元	小洋七角	小洋四角
（半日） 六小时	大洋四元	大洋三元	大洋 二元五角	大洋 一元七角	大洋一元

续 表

游 船	特号	头号	二号	三号	小游船
(全日) 十二小时	大洋 五元五角	大洋 四元五角	大洋 三元五角	大洋 二元四角	大洋 一元五角
附注	(一) 船主不遵照规定价目,向客争较者,请将船号报明公园管理处以凭惩罚。 (二) 由玄武门至太平门照大圈子价目。				

(9) 钟山 山在太平门外,俗呼紫金山,又名蒋山,周围六十里,高一百六十八丈,琳宫碧宇,都四十余所。山巅山麓亦有可志之胜迹如左:

(子) 天堡城 城居钟山西峰之巅,形势险要,光复时革命军与清军曾剧战于此。

(丑) 革命纪念塔 塔高数丈,峙立天堡城旁,民国元年所建,盖所以志光复时天堡城一役死难诸烈士之丰功伟绩也。

(寅) 徐达墓 在太平门外,钟山之麓,墓前石马翁仲,分列左右,势颇雄壮。

(五) 下关区

(1) 狮子山 在兴中门外,山脉自定淮门至兴中门,山巅有阅江楼,今建有炮台,苍翠玉立,林樾蔽天,有高屋建瓴之势,亦首都门户之一。

(2) 韩信点将台 台在下关对江之浦镇,相传为韩信点将处。

(3) 观音门 在幕府山山谷之间,形势险要,为南京外城十八门之一。

(4) 燕子矶 在观音门外，矶石兀立江上，三面悬壁，形如飞燕，故名。矶上有清御碑亭，登矶俯视，洪涛骇浪，势极险峻。

(5) 幕府山 山在兴中门外江滨，周围约三十余里，高约七十余丈，沿山一带，胜迹甚多，兹择要记述如下：

(子) 永济寺 寺内峭壁悬崖，洵属奇观。

(丑) 观音阁 阁在永济寺旁，筑于山石之上，高约数丈，有石级可登，在观音阁侧崖之中部，有铁练下坠约丈许，相传为明刘青田之系舟处。

(寅) 崖山十二洞 现所存者仅头台洞、二台洞、三台洞等，余均湮没无考。三洞情形分志于后：

(甲) 头台洞 在永济寺旁，奇石森然，穷穴透邃，有洞上通崖顶，洞旁有巨石一方，上刻明太祖朱元璋所书之大“寿”字，其旁另有一石，凸出山岩，形似人首，颇为奇特。

(乙) 二台洞 在头台洞西，有楼结于岩腰，内有一洞，相传可通京口。

(丙) 三台洞 位于二台洞之次，内有观音塑像，立于石桥之上，桥下有泉，泉右有一小洞，仅见旭光一线，上透绝顶，故名小有天。泉左有一岩穴，可通玉皇阁，登临远眺，崖山诸景，尽收眼底。三台洞内，更有大石碑一，刻有唐吴道子所画观音像，碑立山岩下，碑身完全为唐代所建。

(6) 栖霞山 山在南京东北，离下关约五十里左右，京沪铁路设有栖霞山站，游客可乘火车前往，或乘汽车出太平门经岔路口及姚头上镇亦可直达。山之周围有四十里，高可百三十余丈，山上植枫树甚多，每届秋深，霜叶红似二月花，诚奇观也。

山中景物尤多，兹分志于次：

(子) 栖霞寺 寺在栖霞山上，相传南齐僧舍宅为寺，名曰栖霞，后数易名，至明洪武仍赐额曰栖霞寺。

(丑) 舍利塔 塔在栖霞寺旁，计七层，高约五丈余，系一整石，雕砾颇工，足以代表近古之艺术，惜已模糊不甚清楚，相传为隋时所建。

(寅) 千佛岭 系天然石岩，用人工凿成无数门状之洞，洞内皆凿佛像，计有千尊，故名千佛岭，为明时所建。千佛岭中之一洞，内有佛像多尊，状态各异，为千佛岭中之最奇特者。

(卯) 桃花涧 涧在栖霞寺旁，有小瀑布由上下流，旁有桃花甚多，每至春日，落英片片，逐水而流，加以奇石突出，光怪陆离，使人有世外桃源之想，为明时所筑。

(辰) 白鹿泉 在栖霞山半腰上，泉不甚大，水浅而甘，可以饮，相传有身多白斑之鹿居此，故名。

(巳) 白乳泉 在栖霞山半山上，水清冽，可煮茗，味颇香，故名。

(午) 天开岩 在栖霞寺旁，岩高十余丈，耸然而立，系天然者，故名。

(未) 皇瓮 在栖霞寺旁，状似一瓮，上有一洞，可以见天，旁有蟒穴，民间讹传清乾隆帝下江南时，曾过此休息。

(申) 无梁殿 建于明代，在栖霞山，高约四丈余，中供三圣像，是殿系大石砖筑成，不用一木，故名。

(酉) 石房 在栖霞山，乱石错杂，高低参差，俨如破壁败垣，故名。

第三章　市行政组织

南京市政建设成绩，在明代以前者已湮没不可考。明太祖以雄才杰出之君，用武力贯澈民族主义，统一全国，对于国内之政治设施，辄以大刀阔斧之手段，毅然行之，当时南京（应天府）市政之足述者，有下列数种：（一）推广城垣；（二）开筑宽广通衢与人行道；（三）划分区域；（四）统计户籍人口；（五）取缔游民及公娼制；（六）建筑大规模之公用房屋。市政雏形，于以犄具。唯自永乐北迁，南京降为陪都，清兵南下，又复夷为省会，都市设施，有退无进，逮有清末季，各省厉行新政，南京市政可得而略述者如次：（一）开辟下关商埠，置商埠督办；（二）开筑城北一带马路，及敷设中正街至江口小铁路；（三）设立自治总局及户籍调查局；（四）设置巡警道及培植警务人才学校；（五）创办各项公用事业机关，同时以南洋劝业会之创设，南京市政因之促进者甚多。

辛亥光复，迭受军事影响，市政设施，无暇顾及，民二以降，久为军阀盘踞，关于市政事项，仅由警厅及马路工程局负责，直至十四年，韩国钧任苏长时，始有市政公所之筹备，后有市政督办公署之筹设，唯均因故未能成立。溯自清末至民国十五年，南京市政，皆在因循苟且之中。迨民国十六年，国民革命军进达南京，委刘纪文氏为市长，于是年四月二十四日成立市政厅，继于六月一日改称市政府，同时设立财政、工务、公安、教育、卫生各局，旋于六月六日国民政府颁布《南京特别市暂行条例》，正式规定南京为特别市，直接隶属于国民政府，而土地局寻亦于七月二十日成立。迄至八月，刘市长因病去职，何民魂继任市长，以困于经费，暂将土地局归并财政局设土地课，又将卫生局归并公安局设卫生课，至十七年一月，应市政之需要，成立社会调查处，又于四月恢复土地局。至七月八日，国民政府公布《特别市组织法》，何市长即拟改组社会调查处为社会局，同时筹设卫生局，嗣刘纪文氏复任市长，于原有秘书处及财政、土地、工务、公安、教育各局之外，增设社会、卫生两处，旋改为局。十八年三月，国民政府以首都公安，关系重要，遂明令将市公安局划归内政部直辖，改称首都公安局，旋又改称首都警察厅。及后魏道明、马超俊、谷正伦相继接长京市，市行政组织，大抵均仍旧贯；唯于十九年七月，国民政府依照新制订定之《市组织法》，明令规定南京特别市改称南京市，直隶于行政院。民国二十一年四月，中委石瑛继长京市，适当沪战甫告结束，金融枯竭，库空如洗，一切建设事业，无不陷入停顿状态，石市长以欲谋打破此种难关，唯有于无可设法之中，勉求解决之道，并以增加事业费减少行政费为着手方案。爰将市属各机关分别归并，教育局并入社会局，土地局并入财政局，卫生局裁撤，由市政府直接掌理卫生行政事宜，至于卫生事业，则归卫生事务所办理以专责成。兹附录南京市政府现行组织规则及组织系统图如下。

南京市政府组织规则

行政院第五十六次会议决议修正通过

第一章　总则

第一条　本规则依照《市组织法》第二十一条之规定，制定之。

第二条　本市政府设秘书处、社会局、财政局、工务局、分掌各该处局事务，遇必要时，得呈准设立其他附属机关。

第三条　各处局因事务之需要，得呈准设立附属机关，或派专员处理之。

第二章　秘书处

第四条　秘书处设秘书长一人，简任，秉承市长，综理全处事务，并指挥监督所属职员。

第五条　秘书处设秘书一人至三人，荐任，秉承市长秘书长，综核全府文稿，及办理交办事项。

第六条　秘书处设第一、第二、第三三科，每科设科长一人，荐任，秉承市长秘书长，分掌各该科事务。

第七条　第一科分设文书、会计、庶务、外务四股，其职务之分配如左：

文书股　关于文书撰拟，会议记录，职员进退，铨叙考勤，收发管卷，缮校监印，及其他机要事项。

会计股　关于编制本府预算决算，及经费之出纳保管事项。

庶务股　关于修缮购置，公役之进退管理，及其他庶务事项。

外务股　关于不涉外交之外人事项，及其他交际事项。

第八条　第二科分设审核、统计、编译三股，其事务之分配如左：

审核股　关于审核本府及所属各机关预算决算，暨临时请款等事项。

统计股　关于征集统计材料,编制图表事项。

编译股　关于编辑各项报告,保管图书,及市政上应行宣传编译事项。

第九条　第三科分设医务、清洁二股,其事务之分配于左:

医务股　关于医院、药房、医师、药师、产师、助产士之监督登记,暨出生死亡之调查统计,及其他医药卫生行政事项。

清洁股　关于街巷河池之清洁整理,暨菜市屠宰场及公共娱乐场所之设置及取缔,并其他卫生行政事项。

第十条　本处设科员三十二人至四十人,均委任,秉承长官,分掌各科股事务,每股并指派科员一人为主任。

第十一条　本处因事务之繁简,得酌用技士一人至三人,办事员十人至十五人,均委任,雇员二十人至三十人。

第三章　社会局

第十二条　本局设第一、第二、第三三科,每科设科长一人,荐任,秉承局长,分掌各该科事务。

第十三条　第一科分设文书、事务两股,其职务之分配如左:

文书股　关于文书撰拟,职员进退考勤、收发、缮校、监印、管卷、会议纪录、工作报告,及图书管理、刊物汇编等事项。

事务股　关于会计、审计、庶务,及其他不属于各科股事项。

第十四条　第二科分设人事、公益、农工商三股,其职务之分配如左:

人事股　关于人事登记、风俗改良，及人民团体公共娱乐场所之监督等事项。

公益股　关于粮食之管理、合作社与互助事业之组织指导，及公益救济事业之设备监督等事项。

农工商股　关于农工商业之改良保护、造林垦牧渔猎之保护奖励、民营公用事业之监督，及劳工行政之调查登记监督各事项。

第十五条　第三科分设学校教育、社会教育、研究实验三股，其职务之分配如左：

学校教育股　关于市立私立各中学、师范、职业学校、小学校、幼稚园之改良管理，及义务教育之推广事项。

社会教育股　关于民众学校、图书馆、其他社会教育事业之改良管理、文化艺术之推进，及戏曲之审查等事项。

研究实验股　关于各学校训育与教学方案、社会教育各种设施之研究实验，及教材刊物之编审等事项。

第十六条　本局设科员四十人至五十八人，均委任，秉承长官，分掌各科股事务，每股并指派科员一人为主任。

第十七条　本局设督学一人至三人，荐任，或委任，指导员一人至三人，委任，承局长之命，督察指导本市教育事宜。

第十八条　本局设统计主任一人，统计员一人至三人，均委任，秉承局长之命，并商承各科长，办理社会及教育各种统计事宜。

第十九条　本局因事务之繁简，得酌用办事员二十人至三十人，均委任，雇员十五人至二十人。

第四章　财政局

第二十条　本局设秘书一人，荐任，承局长之命，综核全局文件，及办理机要事项。

第二十一条　本局设第一、第二、第三三科，每科设科长一人，荐任，秉承局长，分掌各该科事务。

第二十二条　第一科分设总务、编审、收支三股，其职务之分配如左：

总务股　关于文书之撰拟、收发、监印、保管、缮校，暨职员进退考勤、会议纪录、工作报告、庶务会议，及其他不属于各科股事项。

编审股　关于编制及审核本市预算决算，暨财政统计事项。

收支股　关于全市财政收入支出，暨市公债市库券之发行及经理事项。

第二十三条　第二科分设税捐、市产、稽征三股，其职务之分配如左：

税捐股　关于全市各项税捐之调查、征收，及登记事项。

市产股　关于全市公产之调查、管理、经收租金，及处分事项。

稽征股　关于全市税捐及市产租金之稽查估催。以及各种税捐票照收据之保管、收发、稽核事项。

第二十四条　第三科分设注册、契照、审查、地亩四股，及测量队，其职务之分配如左：

注册股　关于土地之登记、移转，及建筑用地勘丈单之核发，登载事项。

契照股　关于土地升科、放垦、租佃、典卖，各项单据执照之颁发、审核、保管，以及各种登记表册之编制事项。

审查股　关于土地单契执照之审核，调查事项。

地亩股　关于土地之升科、放垦、租佃、典卖、征收、清查，及地价地租之估定、收纳事项。

测量队　关于全市三角点、多角点、水准点之勘定，及全市土地之测绘、勘丈事项。

第二十五条　本局设科员四十五人至六十人，均委任，秉承长官，分掌各科股事务，每股并指派科员一人为主任。

测量队设队长一人，荐任或委任，分队长二人，组长四人，考工员六人至八人，测量员六十人至八十人，均委任。

第二十六条　本局因事务之繁简，得酌用办事员四十人至五十六人，均委任，雇员一百人至一百三十人（税捐处经收员征收生在内）。

第五章　工务局

第二十七条　本局设第一、第二两科，每科设科长一人，荐任，秉承局长，分掌各该科事务。

第二十八条　第一科分设总务、公用、审勘三股，其职务之分配如左：

总务股　关于文书撰拟、职员进退考勤、收发缮校、监印保管、会议纪录、工作报告、会计、庶务、统计，及其他不属于各科股事项。

公用股　关于市内煤汽、自来水、电力、电灯、电话、公共汽车、河道、港务、交通、公用房屋、公园、公共体育场、公共墓地，暨车辆、船舶之经营、检验、登记、管理、监督等事项。

审勘股　关于市内公有私有营缮图说之审核，一切建筑之查勘，及营造业之登记，建筑师工程师绘图员之注册发照，暨铁路码头等经营监督等事项。

第二十九条　第二科分设计划、营造、材料三股，其职务之分配如左：

计划股　关于市内道路、沟渠、桥梁、河道、公园、市场，及一切公共屋宇场所等工程之规划、测绘估价等事项。

营造股　关于市内道路、沟渠、桥梁、堤岸、公园、市场，及公共屋宇场所，并其他一切建筑工程之营造、修理、保养，及投标等事项。

材料股　关于土木机械工具物料之分发、保管，及运输事项。

第三十条　本局设技正三人至五人，荐任，承局长之命，规划审核督察市内各项工程及交办等事项。

第三十一条　本局设技士十二人至十五人，科员十二人至十七人，技佐七人至十人，技术员二十五人至三十六人，均委任，测绘生四人至六人，承长官之命，分掌各科股事务。

每股并指派技士或科员一人为主任。

第三十二条　本局因事务之繁简，得酌用办事员二十人至二十八人，均委任，雇员二十人至二十四人。

第六章　附则

第三十三条　秘书处及各局之办事细则另订之。

第三十四条　秘书处及各局，得举行处务或局务会议，其会议细则另订之。

第三十五条　本规则自核准公布之日施行。

第四章　警政概况

南京警政，在未建都以前，设有江苏省会警察厅。迨十六年三月，革命军底定东南，定都南京，遂改组为南京特别市公安局，直隶于市政府。十八年三月，国民政府以南京警政，关系首都治安，组织上有扩大之必要，遂明令规定市公安局，划归内政部管辖，同时改称首都公安局。同年十一月，又二次扩大组织，改称首都警察厅。内部编制，厅长之下，设秘书二人至四人，技正一人至三人，并分设总务、保安、司法三科，督察、训练两处，现训练处因财政紧缩关系，暂缩为训练组，附属于督察处。至于外部编制，则设八警察局，六十四分驻所，并另设保安一二两大队，及特务侦探消防等队。此外又附设警士教练及警察医务两所。总计全厅各局所队现共配置长警四千三百卅二名。兹将首都警察厅现行组织法，及组织系统图，附录于后。

首都警察厅组织法

十八年十月二十五日内政部公布

二十年七月二十八日内政部修正

第一条　首都警察厅直隶于内政部，受内政部之指挥监督，掌理首都公安事务，其辖境以南京特别市之区域为限。

首都警察厅对于首都特别市市政，有协助进行之责。

第二条　首都警察厅为执行法律命令，或依法律命令之委任，于不抵触法令范围内，得发布单行警察章程，但须呈报内政部核准。

第三条　首都警察厅对于所属职员之处分或命令，认为违背法令，妨害公益，或侵越权限时，得停止或撤销之。

第四条　首都警察厅设厅长一人，由内政部呈请简任，综理全厅事务，并监督所属机关及职员。

第五条　首都警察厅设秘书二人至四人，承厅长之命，掌理厅务会议及机要事务。

第六条　首都警察厅设下列各科处：

一、总务科；

二、保安科；

三、司法科；

四、督察处；

五、训练处。

第七条　总务科掌理事务如下：

一、关于纪录员警之进退事项；

二、关于收发、保存文书，及典守印信事项；

三、关于统计事项；

四、关于会计庶务事项；

五、关于其他不属各科事项。

第八条　保安科掌理事务如下：

一、关于保安正俗事项；

二、关于维持交通秩序事项；

三、关于消防事项；

四、其他协助市政进行事项。

第九条　司法科掌理事务如下：

一、关于违警案件之处分事项；

二、关于一切刑事案件之侦查事项；

三、关于拘留所之收管事项。

第十条　督察处掌理事务如下：

一、关于内勤事项；

二、关于外勤事项；

三、关于各城门稽查事项；

四、关于临时命令检查事项。

第十一条　训练处掌理事务如下：

一、关于警察教育设计事项；

二、关于警察学识编审事项；

三、关于操练检校事项。

四、关于评判考核事项。

第十二条　总务、保安、司法各科，各设科长一人，科员十一人至十七人。

第十三条　督察处设处长一人，督察长二人至四人，督察员十二人至十六人，稽查十二人至十六人，巡查十六人至二十人。

第十四条　训练处设处长一人，训练官二人至四人，训练员六人至八人。

第十五条　首都警察厅因技术之必要，得设技正一人至三人，技士二人至四人，因事务之必要，得于各科处设办事员五十人至六十人，录事四十人至五十人。

第十六条　秘书，科长，处长，督察长，训练官，技正，由厅长呈请，内政部核准荐任之。

科员、督察员、稽查、巡查、训练员、技士、办事员、录事由厅长遴选委用，呈报内政部备案。

第十七条　首都警察厅就该管区域内，分设警察局、警察分驻所、警察派出所、守望及巡逻区，以局长、局员、巡官、长警分负该管职务。

上项局长，由厅长呈请内政部察核荐任之，局员、巡官由厅长遴选委用，呈报内政部备案。

长警依《警察录用办法》录用之。

第十八条　首都警察厅因维持治安之必要，得编练保安警察队、消防警察队、侦探警察队，因办理警察教育及治疗，得设警士教练所、警察医务所。

第十九条　首都警察厅所辖局所之设置废止，及警察队之编练，应呈由内政部核定之。

第二十条　首都警察厅各项办事细则，由厅长拟定，呈报内政部察核备案。

第二十一条　本法自公布日施行。

第五章　市财政及地政概况

首都建设,经纬万端,要以筹划经费,及整理土地,为其先决条件。爰将京市财政及地政概况,略述于次,借供关心首都建设者之参考。

(甲)财政

(一)收支概况　京市财政,历来入不敷出,尤以国难期间,为最困难,收支相差更甚,石市长履任之始,即以求适合收支为原则,一面积极整顿税收,以期收入之增加,一面厉行紧缩,以求支出之减少,经年余努力之结果,收入方面,平均每月由十万元,增至二十万元左右,计契税约两万五千元,营业税(包括牙税、当税、屠宰税、烟酒牌照税)约两万元,房捐约四万元,车捐约五万五千元,地方财产收入约两万元,地方行政收入约一万元,其他收入约四万元,此外财政部协款每月约五万元,铁道附捐每月约十万元,总计每月收入约三十六万元。至于支出方面,平均每月行政费约四万四千余元,较前约减少四万余元,救济及旗民给养约一万六千余元,财务费约二万四千余元,土地整理费约八千余元,教育文化费约七万元,卫生费约二万四千余元,经常建设费如养路清沟等等约二万五千余元,协助费及自治经费约五千余元,市铁路经常费约八千余元,自来水工程处经常费约一万七千余元,此外特别工程费如去年之开辟中华、雨花等路，促成自来水局部出水等等，及今年之开辟大光、石城、中央、江边等路，建筑新民、武定、汉中等城门，建筑浦口、下关、鼓楼、五台山、兴中门、游府西街、香铺营、普育等小学校舍，继续自来水第二期工程等等，每月平均约十二三万元，又以京市历年举债，及积欠筑路地价，与各种应还暂记款项，为数不下五百七十余万元，每月须拨付市公债基金四万元，此外尚须偿还其他债务约三万六千余元，总计每月支出约需四十四万元，衡之每月收入，不敷甚巨，故市府对于行政各费，现仍采取紧缩政策，对于各项税捐，则力求整顿，以免隐漏，期能充实事业经费，而符收支适合原则。

（二）整顿营业税 京市营业税，自民国十八年创办以来，各商户报缴者，固属不少，而隐匿不报者，为数亦多，以致收数甚微，毫无起色，市府爰于去年秋季起，力加整顿，依照警区，将全市划为八大调查区，每区各设调查员一人，驻查该区内商户之变动，及有无漏税情形，并编成全市各商号分业分区清册，以便稽考，实行以来，收效颇大，征收已有起色。

（三）整顿房捐 京市房捐，以前久未复查，隐漏短报，实非少数，市府爰于去年夏季派员切实复查，查出铺户从未纳捐者，一千四百六十六户，住户从未纳捐者，七千四百三十五户，至短报少缴者，为数尤伙，业已核实，另造清册，以凭征捐。

（四）整理筑路摊费 新辟马路，两旁受益业主，应摊之筑路费，节经筑路摊费审查委员会，分别审定，经市府核准，即发交财政局征收，市府以各业主不无观望情事，遂规定新筑马路两旁受益业主,如须建筑房屋,非缴清摊费,不发建筑执照,以示限制。

(五)取销苛细杂费 本市下关旅馆业所派之外招待,向征执照费,又码头搬夫,向征登记更名费,原系沿照前下关商埠局成案办理,市府以迹近苛细,业予取消,以恤劳工。

(六)豁免米厘捐 本市米厘捐,始于前清宣统三年,原为补充自治经费之用,财政局于民国十七年间,按照成案接收办理。最近市府以此项米厘捐,直接虽取之米商,间接实出诸农民,值兹农村经济已濒破产,农产物价极度低落之时,亟应予以免除,借纾民困,爰于本年九月,令饬财政局将此项米厘捐,自十月一日起,实行豁免。

(乙)地政

(一)土地测量

整理土地,应从测量入手,乃为一定不易之原则。京市地籍测量,各项基本工作,自十七年十一月开办以来,由前土地局将城内及下关等处所需三角道线水准等基本测量,先后完成。并测成一万分一及二千五百分一地形图两种,以供全市各项建设及分区等计划之用。又自十九年一月起,即就城内及下关施行地籍测量,经三年之工作,已将城内及下关分区分段各图测量完竣,二十二年复完成八卦洲、九袱洲及大、小黄洲各洲地田产测量,现正继续向市区内城外各地进行三角道线水准及地形测量,并就基本测量已完成区域,施行地籍测量。

(二) 土地行政

(1) 勘丈建筑用地 市府前以市民建筑房屋，每多侵占官地，特规定凡市民报建房屋，必先声请勘丈，发给勘丈单图后，始得至工务局请领建筑执照，既免侵占之弊，又可确定产权。至业户声请勘丈，应由本人或代理人至财政局填具勘丈声请书，并将执业契据，及证明文件，连同抄白，一并呈验。业户契据经审查后，认为产权确无纠葛，并与勘丈面积相符，即予注册，并发给勘丈单图。建筑用地勘丈后，如经查明较原面积有溢出时，则照本市溢地章程办理。业户领取勘丈图后，如认为有疑义时，可于一个月内，声请复丈。

(2) 登记旗产 京市旗产，原为昔日满人驻防用地，久经市民租用，不免有侵占蚕蚀之弊，前土地局有鉴于斯，特举办旗产登记，以资整顿，现仍赓续办理，其登记之手续略如下述：凡本市旗产各租户，须向市财政局声请登记，并将原领租照，暨缴租粮串，或推让字据，一并呈验，验讫盖戳发还。各租户如将租照抵押，而受押人未经更名者，应将抵押时期呈明，并邀同邻户或相当证明人证明其租借之权利。如无租照仅有推让字据者，应将无租照原因，及原租户姓名，声叙于声请书内。旗产登记完竣，由财政局测量审查确实后，编号登册，并绘图交由租户签字。凡登记之旗产，由财政局公布，如有与该旗产土地利害关系人有异议时，须自公布之日起一个月内，提出理由书，送由财政局审查之。如经登记公布一个月后无人声明异议者，由财政局给予旗产租借登记证，并附粘地图一份。至旗产租户如将租照押出，在公布登记期限内，应由原租户邀同受押人将各种契据呈验，声请登记。

(3) 制定《不动产卖典暂行规则》 市府前为便于保护市民产权起见，特制定《不动产卖典暂行规则》公布施行，其要点如下：凡本市区内不动产卖买典当，应声请市财政局核准，其未经核准者，不得卖典。自声请之日起，应照所报价值，预缴契税之一部，卖契百分之三，典契百分之二，如卖典中途撤销时，除加倍扣除勘丈费用外，仍准如数发还。财政局自收到声请书之日起，即派员按址测勘，并绘具详图，经核准后，即通知卖典当事人，并发给勘丈图。卖典当事人如认为有错误时，得于一个月内，声请复勘，否则即购用市府规定契纸，缮具契约，并完纳契税。卖契税率照契载不动产价值征收百分之九，典契征收百分之六。是项契税，应自立契之日起，二个月内完纳之，逾限处以应纳税额十分一之罚金，逾限至一个月以上者，每月递加十分之一，如逾限一年，仍不报税，财政局得呈请市政府强制执行。卖典当事人如不声请核准，私自卖买典当，一经财政局发觉，除饬令照章声请外，并处以应纳税额二倍之罚金，卖方或出典者担负三分之一，买方或受典者担负三分之二。不动产之卖买如有故意少报价值情事，或财政局认为有特别情形时，经市政府核准后，得照所报原价收买之。业户如遗失契据，可详细声明事由，觅取邻近不动产所有人之证明，及殷实铺户之担保，并在财政局指定之日报刊登广告一个月，期内无人提出异议，经财政局查核后，补给契照。补契应照缴契税，倘所遗失之契据，已在前土地局或财政局完税，经查明有案者，准予免缴。

(4) 订定劈卖劈典及分析不动产请领图照办法 市府以

过去市民遇有劈卖劈典或分析不动产时，往往分裁契约，以致弊窦丛生，爰于去年七月，订定劈卖劈典及分析不动产请领图照办法，以资救济，而杜流弊，兹录其要点如下：凡劈卖劈典或分析不动产者，应检同执业证，向财政局填递声请书，请领图照，不得分裁契约，以杜流弊。财政局受理劈卖不动产案件，须按照该产劈卖面积，分别测制审字及管字勘图，连同劈卖执照，给领管业。如系劈典不动产，则分别测制审字及典字勘图，连同劈典执照，给领管业。如系分析共有不动产，则按照各人应得部分，分别测制管字勘图，连同分析执照，分给管业。其既经劈卖劈典或分析之原契，则由财政局注明卖典分析之情形，并加盖核准图记，如系分析者，即将原契存案备查。

（三）土地使用

（1）开放第一工商业区 市府于民国二十年一月魏前市长任内，曾计划将下关中山码头以南，三汊河以北，护城河以西，沿江滩地一千一百余亩，辟为第一工商业区。经拟具计划，函准前首都建设委员会审定，并咨准内政部核准公告征收。嗣因经费支绌，未能即时征收，仅禁止该处业户自由卖买建筑，迁延迄今，已两年有余，致该处业户蒙莫大之损失，石市长有鉴于斯，爰于本年三月，函请前首都建设委员会审议，在该处划出一部分，准予人民自由建筑买卖，以恤民瘼。嗣经前首都建设委员会审定，该区西自江边起，东至与江边平行第一条马路之东边线止，其间应保留为建筑码头及马路之用，其余土地，除马路用地，应加保留外，概准人民自由建筑买卖。

（2）开辟新住宅区 京市自奠都以来，人口激增，原有住宅，供不应求，且大部分偏在城南，自下关以迄鼓楼，逶迤十数里，机关林立，住宅鲜少，以致房价高涨，人民俱有长安居大不易之慨，前市长魏道明有见及此，曾于十九年六月，计划征收大方巷、老菜市、古林寺一带地方，辟为新住宅区，业经前首都建设委员会审查通过，内政部核准公告，并议定该处地价为每方三元、四元及五元三等，外加公共建设费（如开辟马路、广场及学校等项）每亩二千三百余元，一般市民多认为价格过巨，意存观望，嗣因九一八事变发生，新住宅区计划，遂尔停顿。石市长接事后，因念本市房屋，不敷分配，房价飞涨，市民痛苦日深，新住宅区计划，实有积极进行之必要，但为免除纠纷，及格外体恤业主起见，爰经两次通知业主等到府陈述意见，协议地价未成，最后始依法召集土地征收审查委员会，当时出席委员，有商会代表、农会代表等，经各委员参照该处附近买卖地价，及于可能范围内，优待业主起见，议定每方增加三元，将前分三元、四元、五元三等，改为六元、七元、八元三等，同时并由市府将每亩应摊之公共建设费，从二千三百余元，减为一千二百元，以为领地建筑者劝。市府犹念业主中或有不愿将土地出售，而有意自行建筑者，复特别规定，准业主照章缴纳新住宅区之建设费，优先报领。现第一区第一二两段原业户优先承领期间，早经限满，市府已于本年七月二十四日起，开始普通招领，总计市民之遵章申请承领者，已有六十八户之多。并已于本年九月二十一日开始动工，填筑土基，预料新住宅区内各种必需之建设事项，必可于短期内实现也。兹附录《南京市新住宅区第一区领地章程》如下：

南京市新住宅区第一区领地章程

二十二年一月十日南京市政府核准备案

第一条　本区宅地面积，除零星之小块外，计分为甲乙两种，甲种每宅占地约二亩，乙种每宅占地约一亩半，均分别测制地图，编列号数，注明亩数，以资识别。

第二条　凡愿在南京市新住宅区第一区领地者，须填具申请书，向市财政局申请登记，转报市政府审查核准。

第三条　本区宅地原业主有优先承领权，但原有地至少须占指领宅地内半亩以上之面积。

第四条　业主在本区各宅地内占有零星土地，其面积合计有一亩以上者，得有领一个乙种宅地优先权，合计有二亩以上者得有领一个甲种宅地，或两个乙种宅地优先权。

第五条　优先权承领期间，自公布之日起，以二个月为限，于承领时，除扣应得地价外，须遵章缴纳建设费。

本区地价每方分六元、七元、八元三等，建设费每亩定为一千二百元。

第六条　每户领地至多不得超过两个宅地。

第七条　前已缴有保证金者，仍保留其优先照新价承领宅地之权，但前所指定之地，如与业主优先权相冲突者，由财政局另行指定宅地给领，如其原缴保证金超过新领宅地之地价及建设费时，由财政局计算退还。

第八条　领户于申请时，应照地价及建设费缴纳四分之一之保证金，由财政局出具收据，经市政府核准后，于缴付全价时扣算。

第九条　领地经市政府核准后，由财政局通知领户缴付全价，倘领户自通知日起，逾期一个月，不缴清者，由财政局另行处分，其保证金不予发还。

第十条　领户于全价缴清时，除原业主应就原有之地，依照第三条、第六条之规定，及已缴保证金者，依照第七条之规定报领外，其余申请人得就编定普通放领号数，按照缴清全价之收据号数秩序，挨次指选，如同一时间，有数个指选同一宅地者，得用抽签法定之。

第十一条　领户于全价缴清确定宅地号数后由财政局发给执照地图，永远管业。

第十二条　领户自领得财政局执照后，须于六个月内建筑房屋，逾期不兴工者，应照领价按月征收荒地费百分之一，倘逾一年仍未建筑者，并得由财政局照原缴之价收回，另行处分。

第十三条　开始领地日期，由财政局公告之。

第十四条　房屋建筑规则及图样，由工务局另行颁布之。

第十五条　领户于建筑后，因不得已事故，须将房地出售时，应照土地买卖申报手续办理。

第十六条　凡未经本章程规定之事项，准照南京市关于土地各项章程办理。

第十七条　本章程自公布日施行。

(3) 开辟政治区域住宅区　京市住房不敷，房租飞涨，以致一般市民感受重大痛苦，亟应设法鼓励市民多建住宅，以资救济。除古林寺附近土地，辟作新住宅区，正由市府积极办理外，所有住居城南之监察院、立法院、审计部、建设委员会等机关职员，为数甚伙，均苦无地建造住宅，而明故宫一带土地约七千三百二十二亩，业经前首都建设委员会决议划作政治区，自决议后，政府迄未征收，而又禁止买卖建筑，迁延数载，业主受极重大之损失，市府有鉴于斯，爰于本年八月，计划在该区南部，划出二千五百余亩，作为建造住宅之用，经呈奉行政院，转奉中央政治会议核准。市府并拟具《南京市政治区域住宅区整理土地章程》，呈奉行政院核准备案。兹附录该章程原文如下：

南京市政治区域住宅区土地整理章程

二十二年九月行政院核准备案

第一条　本市政治区域住宅区建设于光华门内，南至城根，东至城根，西至八宝前街，向南与通济门大街平行，西北至八宝前街，北至青龙桥、双桥、外五龙桥各桥南横路，计地约二千五百余亩。

第二条　政治区域住宅区分第一至第八等分区，每分区并得分段，依次开辟，所有区内道路、学校、菜场、警察所、图书馆、电灯、电话、自来水，及其他公共建筑，由工务局计划之。

上项公共建设费，依照工务局呈准预算，由区内土地按亩分摊之。

第三条　政治区域住宅区公用之土地位置，由工务局计划后，依法征收之。

第四条　政治区域住宅区土地，应由工务局计划整理之。

上项应行整理之土地，旗地租户得声请推让登记，但受推人每亩须缴市府四成产价，及公共建设费，至非旗地仅须缴纳公共建设费，申报买卖。

第五条　政治区域住宅区旗地租户，已缴市府四成产价，及公共建设费者，应由财政局发给管业图照，或核准其买卖登记。

第六条　政治区域住宅区土地，依工务局整理计划之结果，剩余残零者，旗地应由租户缴纳市府四成产价，及公共建设费，非旗地应由业户缴纳公共建设费，声请交换或赠与登记，如不愿交换或赠与，由市政府征收之。

第七条　政治区域住宅区土地，自公告之日起，六个月以内，旗地未缴纳市府四成产价，及公共建设费，或非旗地未缴纳公共建设费者，应由政府发给旗地六成民价，或非旗地全价征收之。

第八条　政治区域住宅区市府征收土地，应发地价，并依照《土地征收法》办理之。

第九条　政府征收之土地，经整理后，得放领之，其地价由土地评价委员会评定。

第十条　请领政治区域住宅区宅地者，应填具申请书，缴同地价及公共建设费，向市财政局声请登记，转报市政府核准后，发给图照管业。

第十一条　请领政治区域住宅区宅地，得按图指选，如同一时间有数人指选同一宅地者，得以抽签法定之。

第十二条　凡缴清市政府四成产价与公共建设费，领得政治区域住宅区图照者，应于一年以内，建筑房屋，逾期不兴工者，每亩每月征收荒地费五元，并得发还原缴地价，或原定征收价，及公共建设费百分之八十，复征收之。

第十三条　政治区域住宅区土地开始放领期，由市财政局公告之。

第十四条　政治区域住宅区房屋建筑规则及方式，由市工务局颁布之。

第十五条　凡未经本章程规定之事项，准参照本市关于土地各项章规办理之。

第十六条　本章程自呈奉行政院核准备案之日公布施行。

第六章　教育概况

（甲）学校教育

一、高等教育

京市计有大学校二所，一为国立中央大学，校址在成贤街，校舍宏敞，建筑壮丽，附近风景清幽，环境甚为适宜，该校共分文、理、工、法、农教育等学院，为东南最高学府。一为私立金陵大学，校址在鼓楼百步坡，为美教会所创办，共分文、理、农等学院，此外有私立金陵女子文理学院（原名私立金陵女子大学），校址在东窪市，亦系美教会所创办。三校均有悠长之历史，成绩斐然。

南京高等教育除上述三校外，尚有性质较为特殊之三校，一为中央政治学校，校址在红纸廊，一为中央陆军军官学校，校址在黄埔路[①]，一为中央陆军大学，校址在薛家湾，均具宏大之规模，与相当之历史。

二、中等教育

南京市区内中等学校，可分为五种：（一）国立中央大学附设中等学校；（二）江苏省立中等学校；（三）市立中等学校；（四）已立案私立中等学校；（五）未立案私立中等学校。

① 黄埔路：原书读作“黄浦路”。

国立中央大学附设中等学校，名称为国立中央大学附属实验学校中学部，江苏省立中等学校，有江苏省立南京中学、江苏省立南京女子中学二校，市立中等学校，有市立第一中学一校，已立案私立中等学校，计有十六校，未立案私立中等学校，计有九校，兹将市私立各中学情形，分别略述如下。

(1) **市立第一中学**，原为市立中区实验学校中学部，二十二年度第一学期改称今名，校址在府西街，校长为李清悚，该校分初中、高中两部，高中部分普通师范两科共计十四级每月经常费为四九九四元，由市库支给。

(2) **私立金陵大学附属中学**创办于前清宣统二年二月，校址在干河沿，校长为张坊，初称金陵中学，于民国十七年六月立案时，改称今名，现分初中、高中二部。高中部仅设有普通科。

(3) **私立金陵女子文理学院附属高级中学**，校址在东窪市，校长由金陵女子文理学院院长吴贻芳兼任，另设高中部主任一人，处理日常事务，二十二年六月呈准立案。

(4) **私立安徽中学**，校址在中正街下江考棚，校长为姚文采，该校系民国十二年九月陶行知等私人所创设，初名安徽公学，十七年四月立案时，始改今名，分初中、高中二部，高中部仅设有普通科。

(5) **私立钟英中学**创办于民国纪元前七年，校址在南捕厅，民十七呈准立案，现由教务主任余介侯代行校长，分初中、高中二部，高中部仅设有普通科。

(6) **私立成美中学**，校址在大香炉，创办于民国三年，校长为周季高，民十七呈准立案，现分初中、高中二部，高中部仅设有普通科。

(7) **私立青年会中学**，校址在中华路北段，基督教青年会内，系于民国元年二月，由南京青年会所创办，初名青年会求实中学，民国十五年改称今名，十七年二月立案，现分初中、高中二部，高中仅设有普通科。

(8) **私立东方中学**，校址在大仓园，创办于民国十年，校长为陆自衡，初名东方公学，十八年立案时改称今名，现有初中、高中二部。

(9) **私立五卅中学**，校址在保泰街，民国十四年十月创办，初名五卅公学，十八年立案时，改称今名，校长为丑伦杰，现有初中、高中二部。

(10) **私立钟南中学**，校址在石板桥，创办于民国十三年，民国二十年完成立案手续，校长为乔一凡，现有初中、高中二部，高中仅设有普通科。

(11) **私立三民中学**，校址在汉西门内龙蟠里，创立于民国十八年九月，二十一年完成立案手续，校长为熊冲，现有初中、高中二部，高中仅设普通科。

(12) **私立乐育中学**，校址在绒庄街，民国十九年创设，二十年立案，校长为卢寿篯，现有初中、高中二部，高中仅设有普通科。

(13) **私立汇文女子中学**，校址在干河沿，民国纪元前二十五年五月，美女教士沙德纳所创设，初仅办小学，越十二年，添办中学，民国十九年立案，校长为刘芬资，现有初中、高中二部，高中部仅设普通科。

(14) **私立中华女子中学**，校址在保泰街，前清光绪二十二年美教士赖瑛所创设，初名基督女书院，光绪二十六年改组，更名基督女子中学，民国十六年，改称今名，十八年立案，校长为童润之，现有初中、高中二部，高中部仅设普通科。

(15) **私立育群中学**，校址在中华路南段，系由美教会创设之爱群中学与明育女子中学二校合并而成，十八年成立，同年七月立案，原为初级中学，二十二年七月，呈准添办高中，改称今名，校长为鲍文年，副校长为汪时才，男女分校教授，各有初中及高中普通科二部。

(16) **私立首都女子法政讲习所**，所址在杨将军巷，校长为童枕溪，民国十八年三月成立，初名中央女子法政学校，十八年五月立案时，教育部以该所设备与私立专门学校相去太远，且系讲习性质，令改今名。

至未立案私立中学，均系二十年以后，遵照教育部私立学校规定程序创设，其校址校长及进行立案程度汇刊于下：

校名	校址	校长	进行立案情形
私立华南初级中学	周必由巷	贺维玉	本市社会局暂准立案尚未经呈准 教育部备案
私立冶城初级中学	安品街	雷子居	同右
私立两广初级中学	西八府塘	蒋默掀	同右
私立学艺初级中学	秣陵路	陆志鸿	教育部核准校董会备案

私立京华初级中学	西八府塘	傅况鳞	校董会暂准立案尚未经呈准教育部备案
私立行健中学	长乐路	罗鸿治	暂准设立校董会
私立现代初级中学	长乐路	曹光昭	教育部核准校董会备案
私立首都女子初级中学	杨将军巷	同伯亭	同　右
私立震旦大学附属中学	碑亭巷		暂准设立校董会

此外尚有国民革命军遗族学校及开国纪念贫儿教养院附设中学二校，遗族学校男校校址在中山门外四方城，女校校址在羊皮巷，校长系宋美龄，贫儿教养院院址在白下路，院长为黄宗汉，其余各校，或有事实上陷于停顿者，有未经依照法定手续办理，曾奉明令停办者，兹不赘述。

三、小学教育

南京市区内小学有：（一）国立中央大学附设；（二）江苏省立中学附设；（三）部立；（四）市立；（五）已立案私立；（六）未立案私立六种。国立中央大学附设实验学校小学部，校址在大石桥，江苏省立南京中学附设实验小学校，校址在太平路，江苏省立南京女子中学实验小学校，校址在中正街。部立者有铁道部扶轮小学一所，校址在浦口津浦铁路车站。市立者有市立逸仙桥小学等三十九校，已立案私立小学有湖南旅京小学等三十一校，尚未完成立案手续之私立小学有敦穆小学等十二校，兹分别列表如下：

南京市市立小学一览表

二十二年度第一学期

校名	地址	校长	学级数	学生数	每月经费	备注
逸仙桥小学	中山路逸仙桥	闵毅成	一六　另附幼稚园	八一五	一八四一	民国成立后所创办
大行宫小学	大行宫	周仁华	七	二八八	七三三	源于光绪二十八年之江宁第四模范小学
邓府巷小学	邓府巷	徐雁宾	六	三一一	六八〇	源于清末之私立启悟小学校
大中桥小学	光华西街	周金铎	五	二一五	五三二	最近所创办
卢妃巷小学	卢妃巷	叶继祖	八　另附幼稚园	三九七	九八二	源于光绪三十二年之上元县立树声学堂
游府西街小学	游府西街	黄景芬	八	三五九	八一三	最近所创办
三条巷小学	三条巷	丁　超	一二	五八〇	一一七三	最近所创办
武定门小学	小心桥	王桂林	一〇　另附幼稚园	四〇〇	一二七八	源于光绪三十年所创办之第二模范学校
新廊小学	长乐路	查鸿藻	一一	四七九	一〇九九	源于光绪三十二年之津逮学堂
马道街小学	马道街	吴瑞芳	一二　另附幼稚园	五七三	一三九七	源于光绪三十二年之江宁振淑实业女学
小西湖小学	小西湖	张家衡	一三	五二四	一二六七	源于清末之义学

米行街小学	雨花路	丁正图	六	二五二	六四五	民国成立后所创办
荷花塘小学	荷花塘	章炳生	六	二九〇	六五三	民国成立后所创办
仓顶小学	仓坡	刘　渤	六　另附幼稚园	二五三	七六三	民国成立后所创办
船板巷小学	船板巷	郑德瑾	一二	五四五	一一八三	民国成立后所创办
府西街小学	府西街	王芷湘	一一　另附幼稚园	五一四	一二八六	源于清季地方绅士所创办之崇文中学
砂朱巷小学	砂朱巷	张毓华	七　另附幼稚园	三三九	八四八	民国成立后所创办
昇平桥小学	昇平桥	王道隆	九　另附幼稚园	三七四	一〇一八	源于光绪二十八年之上元高等小学
夫子庙小学	夫子庙	闵绍骞	一六　另附幼稚园	八〇七	一六四四	源于清末之江宁公学
考棚小学	考棚	胡博泉	八	三一九	八一三	源于光绪三十一年之初等小学
淮清桥小学	姚家巷	蔡　桐	五	一七六	五二二	最近所创办
督粮厅小学	许家巷	夏激琬	一一　另附幼稚园	五九二	一二一四	民国成立后所创办
信府河小学	信府河	杜文炘	六	二一三	六三三	民国成立后所创办
评事街小学	评事街	张曼和	一四　另附幼稚园	六三一	一七六九	民国成立后所创办
仓巷小学	丁家巷	魏敦义	一〇　另附幼稚园	四一六	一一八七	民国成立后所创办
登隆巷小学	登隆巷	仇良弼	九	四三一	九八八	民国成立后所创办
汉西门小学	牌楼巷	梅荣生	一〇	四三二	一〇一五	民国成立后所创办

崔八巷小学	崔八巷	吴幼之	八　另附幼稚园	五一五	九三八	源于光绪三十二年之第二模范小学
高井小学	丰富路	汪慧秀	七	二九二	七五六	民国成立后所创办
五台山小学	五台山	程　瑶	六	二三三	六三三	最近所创办
徐家巷小学	徐家巷	童文旭	六	二三五	六三八	最近所创办
莲花桥小学	莲花桥	张履芬	一四　另附幼稚园	七四四	一七四五	源于宣统二年之江宁县立第四高等学校
新菜市小学	新菜市	高蛰苏	八	三六四	八五八	源于光绪三十二年之同仁小学
三牌楼小学	三牌楼	顾开轩	六　另附幼稚园	三〇三	七八八	民国成立后所创办
兴中门小学	兴中门外	马式武	一三　另附幼稚园	六七〇	一四〇四	源于光绪二十八年之北区第十二小学
下关小学	老江口	樊子山	八	三六二	八〇八	民国成立后所创办
浦口小学	浦口天桥北后河沿	王宪章	七	二一八	七一八	最近所创办
绿筠花圃小学	绿筠花圃	孙咸贵	五	一七一	五二七	最近所创办
鼓楼小学	湖北路	卢　注	一一	四九九	一〇八四	民国成立后所创办

南京市已立案私立小学一览表

校名	地址	校长	备注
湖南旅京小学	二廊庙定湘王行宫	杨盛蔚	
东方中学附属小学	国府路	陆自衡	
益智小学	户部街	姚开第	
经纬小学	中华门外三藏殿北	杜龙翔	受南京市社会局补助
普善小学	雨花门外	张联捷	
孝孺初级小学	雨花台	方秉彝	
诚本小学	胭脂巷	戴笠畴	受南京市社会局补助
育群小学	中华路二段	鲍文年 汪时才	
白鹭洲义兴小学	白鹭洲	王　杰	
金陵兵工厂子弟学校	老君庙	贾逸孚	附幼稚园
崇穆小学	汉西门大礼拜寺巷	马俭余	
务本小学	小王府巷五号	王念劬	
清凉村第二小学	清凉山	孙承恩	受南京市社会局补助
安徽中学实验小学	登隆巷	刘致均	受南京市社会局补助

中华女中附属小学	保泰街	童润之	
鼓楼幼稚园	鼓楼头条巷	陈鹤琴	受南京市社会局补助
崇文小学	兴中门外	李汝寅	
吉兆营清真小学	吉兆营	金皎鹤	
俭德小学	下关天堡路	陈汉清	
钟阜区农村小学	钟阜门	童启照	
清凉村第一小学	古林寺	孙承恩	受南京市社会局补助
新民小学	萨家湾	徐锡华	
龙江小学	兴中门外静海寺内	陈伯衡	
丰润乡农村小学	高楼门	钱　敌	受南京市社会局补助
崇穆第二院	三牌楼	马殿臣	
定淮村第一小学	祖登庵	赵镛声	受南京市社会局补助
武台乡农村小学	鸡鸣寺	陈笔仪	
第一交通职工子女学校	下关天堡里二十五号	蔡兆鹏	
第二交通职工子女学校	琵琶巷	朱芸香	
鼓楼小学	鼓楼	张　圻	
崇淑小学	大全福巷	程志芳	受南京市社会局补助

南京市尚未完成立案手续私立小学一览表

校名	地址	校长	备注
敦穆小学	大胶巷	陶　杰	
益智第二小学	城西双乐园	潘济尘	
草桥敦穆小学	草桥	沙丹如	附幼稚园
汇文附小畬清女学	估衣廊	钟美琏	
进修小学	估衣廊	周立三	
道胜小学	挹江门外	沈子高	
东台庵小学	下关黄泥滩	韩丙炎	
清源小学	鸡鹅巷	杨克雄	
汇文女中附设小学校	富民坊	钟美琏	
汇文女中附设小学校	讲堂街	裳玉英	
智德小学校	建业路二〇五号	何述道	
明德女学校	汉西门四根杆子十三号	张香兰	

四、义务小学

南京全市学龄儿童，据十九年度前教育局所调查，总计五万零七百三十三人，男二七二〇一人，女二三五三二人，其中在市私立学校肄业者，仅男生七六七三人，女生五五九五人，共计一三二六八人，占学龄儿童总数百分之二十六强，其余在民众学校肄业者，有男生一三一人，女生一一二人，共计二四三人，不足百分之一，在私塾肄业者，有男生一〇四九〇人，女生三四〇九人，共计一三八九九人，占学龄儿童百分之二七强，而其余百分之四十六强，计男八九〇七人，女一四四一六人，则完全失学，共计二三三二三人。以故每届市校招生时，各校投考学生，极为拥挤，额满见遗者，不可胜数，致使多数应有受教育机会之儿童失学，殊为市政上一极大问题。石市长莅任后有见及此，爰饬市社会局自民国二十一年度上学期起，开办义务小学多处，完全不收学费，并酌量供给课业用品，四年毕业，其程度相当于普通小学之初级班，毕业后仍得投考普通小学高级肄业，开办时均采用半日制，学生每日上课三小时或四小时，即分每级学生为二班，上、下午轮流上课，以期多容学生，嗣更逐渐改行全日制，每校设校长兼正教员一人，正教员一人或二人，均由市教育行政当局就考试及格者分别委充，各校教学时数，虽较普通小学为少，而教学效率，实未稍减，开办以来，就学者极为踊跃，二十一年年底，共有二十五校，男女学生共计四千零六十四人。全年经常费，四万二千三百八十四元，今已增至三十校，全年经费增至七万六千六百九十二元，对于失学儿童之救济，不无小补也。兹将市立各义务小学列表如左：

南京市市立义务小学一览表

二十二年度第一学期

校名	校址	校长	级数	学生数	每月经费	备注
中正街义务小学	白下路三四〇号	汤祖悦	六	二七〇	二七八	半部全日制
朝天宫义务小学	朝天宫内	朱莲舫	六	三一一	二七八	半部全日制
承恩寺义务小学	承恩寺内	顾朱彬	六	二六九	二七二	半部全日制
程善坊义务小学	程善坊十一号	李　轩	六	三〇四	二七二	半部全日制
老府桥义务小学	老府桥	邓广泽	六	二八八	二七八	半部全日制原市立老府桥小学
仙鹤街义务小学	仙鹤街	章文驯	六	二八三	二七二	半部全日制原市立仙鹤街小学
莫愁湖义务小学	莫愁湖公园	黄克荣	五	二二四	二二四	半部全日制
光华门义务小学	光华门平民住宅	唐炳烺	四	一六二	一八〇	半部全日制
英威街义务小学	英威街十五号	束荣松	四	一九三	一八〇	半日制
秣陵路义务小学	秣陵路二二号	王有声	四	一六八	一八〇	又
中华门义务小学	信府河一六三号	罗光缨	四	一七六	一八〇	又
武定门义务小学	长乐路四三四号	赵　骐	四	二〇一	一八〇	又
钓鱼台义务小学	钓鱼台湖南会馆	张鼎辅	四	一七四	一八〇	又

铜坊苑义务小学	铜坊苑	杨振远	四	一一五	一八〇	又
红板桥义务小学	老府桥三三号	胡希魁	四	一七七	一八〇	又
盐仓桥义务小学	盐仓桥安徽会馆	张希贤	五	二四一	二二四	半部全日制
龙江桥义务小学	下关邓府巷五四号	孙焕章	四	一八八	一八〇	又
钞库街义务小学	钞库街	许清泉	四	一七七	一八〇	又
明孝陵义务小学	明孝陵	李人骏	二	五五	一〇六	全日制原明孝陵乡村小学
太平门义务小学	太平门	丁葆冈	二	九五	九六	全日制原太平门乡村小学
岔路口义务小学	岔路口	陈　训	二	九六	一〇六	全日制原岔路口乡村小学
边营义务小学	边营	王廷壎	五	一九八	二二四	半部全日制
午朝门义务小学	午朝门一三号	戴家鹏	三	一四七	一四〇	半部全日制
丰富路义务小学	丰富路二八六号	唐政考	三	一二七	一四〇	又
挹江门义务小学	挹江门外姜家园四号	朱永康	三	一三〇	一四〇	又
龙蟠里义务小学	龙蟠里节孝祠	葛羽恩	三	一五三	一四〇	又
窑湾义务小学	中华门外下码头二二八号	刘启沛	二	九三	一〇六	半日制
汉中路义务小学	四根杆子礼拜堂	汪致庸	二	九九	九六	半日制
昆明义务小学	五洲公园	张翠仙	一	五九	九四	全日制
小河南义务小学	浦口小河南	唐之寰	二	八一	九四	半日制

至于全市学校教育经费，计共六四四二四四元，约占市府全部教育经费百分之八八·一二（市教育全部经常费年计七十三万一千一百七十二元）。市立中小学经费为五六七五五二元，约占经费总数百分之七七，六六，义务小学经费为七六六九二元，约占总额百分之一〇·四六。

（乙） 社会教育

京市之有社会教育设施，始于十六年度，推行至今，时有兴革，自十六年度以至现在，经费增减，略如下表：

京市六年来社教经费与全教经费比例表

年度	全市教费总额	全市社教经费	社教费占总教费额	附注
17	372 046.91	37 317.56	10.3%	经费数字概以圆为单位
18	472 542.00	37 467.00	7.93%	
19	455 610.00	52 726.00	11.57%	
20	550 093.92	65 976.00	11.997%	
21	666 324.00	57 816.00	8.677%	
22	731 172.00	86 928.00	11.88%	

兹将本市最近社教概况，略述如次：

一、市立民众学校

(1) 附设民众学校——附设民校，创自十七年十二月，办理迄今已有十届，每届系六个月毕业，计先后毕业于民众学校者有一〇八一七人；唯京市成年不识字民众，总计尚有二二〇五〇三人之多，仍有待于市当局之继续努力。

附设民校之教师，均经市社会局检定或考试及格，各校经常费，及学生课业用品，概由市社会局发给。全市附设民校，二十一年度下学期原为十七校，本年度市社会局拟增为二十一校，现正在筹办中。

(2) **专设民校**——专设民校创始于民国二十一年十月，原称中心民校，现改称“南京市立第〇民众学校”。至附设民校，则改称为“南京市立第〇民众夜校”，以示区别。专设民校规模较附设民校为大，教员均系专任，校舍亦系专用，除于同一教室之不同时间内，分班推行文字教育外，尤重实施其他社教活动事业，专设民校二十一年下学期原为五校，本年度市社会局拟增为七校。

二、市立妇女职业补习学校

该校创立于民十九年八月，分上、下午两班，一系高级班，二年毕业，一系初级班，一年毕业，该校对于技术科课程，特别注重，计有缝纫，刺绣，造花，编物，美术等科目。试办以还，成绩尚佳，校长现为汪又林，学生近二百人，校址在本市夫子庙旁，每月经费约四〇〇圆。

三、市立盲哑学校

该校创立于民十六年十月，开办至今规模粗具，为全国仅有之公立盲哑学校，校址在城西船板巷，校长为陈光煦，教职员共有十二人每月经费约七三〇圆，毕业期限，盲哑两科各为六年，该校盲生一部分，大多来自昔之普育堂贫儿院，故该校教养并重，所费亦较通常学校为多。最近该校鉴于国内盲童师资缺乏，经向市府呈准增设盲童师资训练班，将来如办有成效，于盲哑教育之推进，获益当非浅鲜。

四、市立初级职业补习学校

该校原名市立初级职业学校，创始于民廿一年二月，本年三月更用今名，校址在建康路市党部左首。校长为张世适，每月经费约一一六〇圆，学生约三百余人，分日、夜两班，日班科别为商科、速记科、华文打字科等，夜班科别为会计、电匠、商人补习等科。

五、市立首都实验民众教育馆

该馆成立于民二十一年一月，为南京市唯一之实验民众教育机关，其经费系由教育部与市政府分担，馆长为徐朗秋，馆址在三牌楼，每月经费约五六五圆，内部组织，除聘请专家组织设计委员会外，按生计、政治、语文、健康、家事、休闲、社会七项教育目标，分设各部，其附属活动，有地方自治协进会等事业。

六、市立图书馆

该馆成立于民十六年六月，原名市立第一通俗图书馆，民二十一年六月，市府令饬与市立民众科学馆及市立图书馆筹备处合并改称市立民众图书馆，民二十二年八月，始改今名。馆址在夫子庙内，馆长为欧阳瑞骅，每月经费约一三四四圆，为市立社教机关中经费最多者，藏书约万册。

七、市立九龙桥游泳场

该场始创于民十八年八月，设备虽因陋就简，然水源甚为清洁，且以其为市内仅有之游泳场，故每当开放时期，往游者甚为踊跃，平均每日有五六百人，该场位于通济门外九龙桥下。每年在开放时期，由市政府拨发管理费用。

八、其他社会教育机关

京市除上述之市立各社会教育机关外，尚有江苏省立国学图书馆，馆址在龙蟠里，江苏省立民众教育馆，馆址在公园路，及江苏省立公共体育场，场址在公园路。其中尤以江苏省立国学图书馆历史最为悠久，规模亦最宏大，该馆创始于清光绪三十四年四月，初名江南图书馆，民国元年二月，改名江南图书局，二年七月，复改为江苏省立图书馆，十八年十月，始改今名，藏书有四十八万卷之多，每年经费约二万余元，为国内著名图书馆之一。

第七章　水陆空交通

（甲）水运

（子）长江轮船　南京下关为沿长江重要商埠之一，上下水轮船，无不停泊于此，兹将各轮船公司业务情形，胪列于后。

A. **公司及船名**

1. 招商局现由交通部主办，有江新、江顺、江安、江华各大号船，及建国、江靖、江大各次号船。

2. 三北公司系中国商办，有长兴、青浦各大号船，及新宁兴，松浦各次号船。

3. 宁绍公司系中国商办，仅有宁绍号船一艘。

4. 怡和公司，系英商办理，有公和、德和、联和、隆和、吉和、瑞和各大号船，及宝和、湘和、同和、昌和各次号船。

5. 太古公司系英商办理，有吴淞、芜湖、武穴、大通、安庆、鄱阳、武昌、温州、黄浦各大号船，及长沙、沙市、吉安、湘潭各次号船。

6. 日清公司系日本商办，有凤阳丸、襄阳丸、洛阳丸、大贞丸、大福丸各船。自九一八以后，国人为爱国心所驱使，多不愿乘坐日船，以是旅客既裹足不前，而同时货运亦绝，故所有各日轮现均停班矣。

B. 吨数

各公司轮船吨数，大者由二千五百吨至三千吨，其次由一千吨至二千吨。

C. 码头

各公司在下关江边只有趸船，并无码头，宁绍与三北共有一趸船，其余各公司各有一趸船。

D. 里程及航行时间

上驶

区间	里程（里）	航行时间
上海至通州	三六〇	八小时半
通州至江阴	一八〇	三小时
江阴至泰兴	九〇	二小时半
泰兴至口岸	六〇	一小时
口岸至镇江	一二〇	三小时半
镇江至南京	一八〇	五小时半
南京至芜湖	一八〇	六小时
芜湖至大通	二四〇	六小时半
大通至安庆	一八〇	六小时半
安庆至九江	三六〇	九小时
九江至武穴	一二〇	二小时半
武穴至黄石港	一八〇	四小时半
黄石港至黄州	九〇	二小时半
黄州至汉口	一八〇	六小时
共计	二五二〇里	二日又十九小时半

下驶

区间	里程（里）	航行时间
汉口至黄州	一八〇	四小时半
黄州至黄石港	九〇	一小时半
黄石港至武穴	一八〇	二小时
武穴至九江	一二〇	二小时
九江至安庆	三六〇	六小时半
安庆至大通	一八〇	四小时半
大通至芜湖	二四〇	四小时
芜湖至南京	一八〇	四小时
南京至镇江	一八〇	三小时半
镇江至口岸	一二〇	二小时半
口岸至泰兴	六〇	一小时
泰兴至江阴	九〇	二小时
江阴至通州	一八〇	二小时半
通州至小海	三六〇	七小时半
共计	二五二〇里	二日

E. 各轮船舱位价目

招商局南京至汉口各埠价目表

地名	官舱（元）	房舱（元）	统舱（元）	备注
芜湖	四·六〇	二·三〇	一·二〇	
大通	六·八〇	四·〇〇	二·一〇	
安庆	九·〇〇	四·八〇	二·五〇	

九江	一二・〇〇	六・六〇	三・六〇
武穴	一三・〇〇	七・〇〇	三・八〇
黄石港	一四・〇〇	八・〇〇	四・一〇
黄州	一五・〇〇	八・四〇	四・三〇
汉口	一六・八〇	九・二〇	四・五〇

招商局南京至上海各埠价目表

地名	官舱（元）	房舱（元）	统舱（元）	备注
镇江	三・〇〇	一・六〇	・六〇①	
口岸	四・八〇	二・四〇	一・二〇	
泰兴	五・二〇	二・六〇	一・三〇	
江阴	五・六〇	二・八〇	一・四〇	
通州	五・六〇	二・八〇	一・四〇	
上海	六・〇〇	三・〇〇	一・七〇	

三北公司南京至汉口各埠价目表

地名	特别官舱（元）	官舱（元）	房舱（元）	统舱（元）	备注
芜湖	三・六〇	二・八〇	二・四〇	一・二〇	
大通	五・四〇	四・三〇	三・六〇	二・一〇	
安庆	七・〇〇	五・六〇	四・六〇	二・五〇	
九江	八・六〇	六・八〇	六・四〇	三・五〇	
武穴	九・六〇	七・六〇	六・八〇	三・七〇	
黄石港	一〇・八〇	八・六〇	七・六〇	四・〇〇	
黄州	一一・四〇	九・〇〇	八・〇〇	四・二〇	

① ・六〇：即 0.60，本书按民国原本排版。下同。

汉口	一三・〇〇	一〇・〇〇	八・八〇	四・六〇

三北公司南京至上海各埠价目表

地名	特别官舱（元）	官舱（元）	房舱（元）	统舱（元）	备注
镇江	二・四〇	二・〇〇	一・四〇	・六〇	
口岸	三・六〇	二・八〇	二・二〇	一・一〇	
泰兴	三・六〇	二・八〇	二・二〇	一・一〇	
江阴	四・〇〇	三・二〇	二・一〇	一・三〇	
通州	五・六〇	四・二〇	三・〇〇	一・六〇	
上海	六・四〇	四・五〇	三・二〇	一・七〇	

怡和公司南京至汉口各埠价目表

地名	官舱（元）	房舱（元）	统舱（元）	备注
芜湖	四・〇〇	三・〇〇	一・二〇	
大通	七・〇〇	五・〇〇	二・〇〇	
安庆	八・五〇	六・〇〇	二・四〇	
九江	一二・〇〇	八・〇〇	三・四〇	
武穴	一二・五〇	八・五〇	三・七〇	
黄石港	一四・〇〇	九・五〇	四・二〇	
黄州	一五・〇〇	一〇・〇〇	四・四〇	
汉口	一六・〇〇	一一・〇〇	五・〇〇	

怡和公司南京至上海各埠价目表

地名	官舱（元）	房舱（元）	统舱（元）	备注
镇江	三・五〇	二・五〇	一・〇〇	
口岸	四・〇〇	三・〇〇	一・四〇	

泰兴	四·五〇	三·五〇	一·六〇
江阴	五·五〇	四·〇〇	一·八〇
通州	六·五〇	四·五〇	二·〇〇
上海	八·五〇	六·〇〇	二·四〇

太古公司南京至汉口各埠价目表

地名	官舱（元）	房舱（元）	统舱（元）	备注
芜湖	四·〇〇	二·五〇	一·一〇	
大通	六·〇〇	三·八〇	二·〇〇	
安庆	七·〇〇	四·三〇	二·三〇	
九江	一〇·〇〇	六·四〇	三·二〇	
武穴	一一·〇〇	六·五〇	三·五〇	
黄石港	一二·〇〇	七·五〇	三·八〇	
黄州	一三·〇〇	八·〇〇	四·〇〇	
汉口	一四·〇〇	九·〇〇	四·二〇	

太古公司南京至上海各埠价目表

地名	官舱（元）	房舱（元）	统舱（元）	备注
镇江				不停
口岸				不停
泰兴				不停
江阴				不停
通州				不停
上海	六·〇〇	四·〇〇	一·八〇	

（五）内河轮船　南京内河轮船有扬州班、镇江口岸班、芜湖班及六合班四班，兹将各班船名、头领、价目及客位，列表

于后。

扬州班船名码头价目客位表

公司名称	船名	开往地点	价目（元）	客位（人）	备注
泰昌公司	元昌	巴斗山	·五〇	一四〇	每天只有一家轮流开往
协和公司	恒贵	划子口	·五〇	九〇	
天泰公司	同泰	大河口	·五〇	一四〇	
泰丰公司	庆丰	沙马州	·五〇	九〇	
		泗园沟	·五〇		
		十二圩	一·〇〇		
		瓜州	一·〇〇		
		八里铺 扬州	一·〇〇		

镇江口岸班船名码头价目客位表

公司名称	船名	开往地点	价目（元）	客位（人）	备注
泰昌公司	兴泰	巴斗山	·五〇	一六〇	每天只有一家轮流开往
协和公司	镇昌	划子口	·五〇	一八〇	
		大河口	·五〇		
		沙马洲	·五〇		
		泗园洲	·五〇		
		十二圩	一·〇〇		
		瓜州	一·〇〇		
		口岸 镇江	一·〇〇		

芜湖班船名码头价目客位表

公司名称	船名	开往地点	价目（元）	客位（人）	备注
泰昌公司	元昌	北河口	·五〇	一四〇	每天只有一家轮流开往
	兴泰	大胜关	·五〇	一六〇	
协和公司	恒贵	江宁镇	·五〇	九〇	
	镇昌	乌江	·五〇	一八〇	
天泰公司	同泰	石坝河	·五〇	一四〇	
	同春	采石矶	·五〇	八〇	
泰丰公司	庆丰	和州 太平府	一·〇〇	九〇	
	庆泰	西梁山 芜湖	一·〇〇	八〇	

六合班船名码头价目客位表

公司名称	船名	开往地点	价目（元）	客位（人）	备注
天泰公司	同春	巴斗山	·五〇	八〇	现已停班
泰昌公司	庆泰	划子口	·五〇	八〇	
		大河口	·五〇		
		东沟	·五〇		
		西沟	·五〇		
		瓜埠	·五〇		
		六合县	·八〇		

以上各轮开驶时间，普通在上午六点半至八点不等，大约夏季在六点半，冬季改为八点开行。

（乙）陆运

（子）京沪铁路 京沪铁路起自南京下关，止于上海北站，全路共长三一一·〇四公里，原名沪宁铁路自南京奠都后，始改今名，北与津浦铁路相通，南与沪杭甬铁路衔接，兹将该路最近之行车时刻表及各项价目表，分别列后。

京沪铁路头二三等价目表

南京至	寻常快车			特别快车		
	头等	二等	三等	头等	二等	三等
栖霞山	.90①	.60	.30			
龙潭	1.35	.90	.45	1.95	1.20	.60
镇江	2.70	1.80	.90	3.30	2.10	1.05
新丰	3.45	2.30	1.15			
丹阳	3.75	2.50	1.25	4.35	2.80	1.40
奔牛	4.35	2.90	1.45			
常州	4.95	3.30	1.65	6.15	3.90	1.95
戚墅堰	5.25	3.50	1.75			
无锡	6.15	4.10	2.05	7.35	4.70	2.35
望亭	6.60	4.40	2.20			
浒墅关	6.60	4.40	2.20			
苏州	6.90	4.60	2.30	8.70	5.50	2.75
昆山	7.95	5.30	2.65	9.75	6.20	3.10

① .90：即为0.90，本书按民国原本排版。下同。

续 表

南京至	寻常快车			特别快车		
	头等	二等	三等	头等	二等	三等
安亭	8.55	5.70	2.85			
黄渡	8.85	5.90	2.95			
南翔	9.00	6.00	3.00	10.80	6.90	3.45
真如	9.30	6.20	3.10			
上海北站	9.45	6.30	3.15	11.85	7.50	3.75

京沪铁路夜车卧车票，不论远近，每张上铺三元五角，下铺四元五角。万国寝台车会社之卧车，上铺或下铺每张洋六元九角。月台票上海北站每张七分，其他各站每张五分。

京沪铁路车轮联票价目表

地点 \ 等别	头等 I	二等 II	三等 III	四等 IV
上海北站到嘉定经南翔	1.20	.90	.50	
苏　州到嘉定经南翔	3.00	2.10	1.10	
上海北站到白鹤港经安亭		1.00	.55	.35
南　翔到白鹤港经安亭			.40	
昆　山到白鹤港经安亭			.45	
苏　州到白鹤港经安亭			.85	.55
无　锡到白鹤港经安亭			1.40	.80
上海北站到青浦经安亭		1.30	.75	.55
南　翔到青浦经安亭			.60	
昆　山到青浦经安亭			.65	
苏　州到青浦经安亭			1.05	.75
无　锡到青浦经安亭			1.60	1.00
上海北站到朱家角经安亭	1.80	1.40	.80	.60

续 表

地点 \ 等别	头等 Ⅰ	二等 Ⅱ	三等 Ⅲ	四等 Ⅳ
南　　翔到朱家角经安亭	1.35	1.10	.65	
昆　　山到朱家角经安亭	1.50	1.20	.70	
苏　　州到朱家角经安亭	2.70	2.00	1.10	.80
无　　锡到朱家角经安亭			1.65	1.05
上海北站到梦仙桥经安亭			.50	.30
上海北站到前门塘经安亭			.55	.35
上海北站到蓬莱镇经安亭			.65	.45
上海北站到西墩经青阳港			.80	
上海北站到常熟经青阳港	2.65	1.90	1.15	.75
上海北站到太仓经昆　山			.95	.60
上海北站到沙头经昆　山			1.20	.80
上海北站到甘露经苏州	3.70	2.50	1.30	
上海北站到荡口经苏州	3.70	2.50	1.30	75
上海北站到青阳经无锡	4.95	3.30	1.75	1.10
苏　　州到青阳经无锡	2.25	1.50	85	55
常　　州到青阳经无锡	2.10	1.40	80	50
镇　　江到青阳经无锡	4.50	3.00	1.60	1.00
南　　京到青阳经无锡	6.75	4.50	2.35	1.45
上海北站到江阴经无锡	5.25	3.60	1.95	1.25
苏　　州到江阴经无锡	2.55	1.80	1.05	70
常　　州到江阴经无锡	2.40	1.70	1.00	65
镇　　江到江阴经无锡	4.80	3.30	1.80	1.15
南　　京到江阴经无锡	7.05	4.80	2.55	1.60
上海北站到溧阳经无锡	5.55	3.80	2.00	
苏　　州到溧阳经无锡	2.85	2.00	1.10	
上海北站到宜兴经无锡	5.25	3.60	1.80	
苏　　州到宜兴经无锡	2.55	1.80	90	

京沪铁路头二等游览来回票价目表

站名	特别快车		普通客车		有效期间
	头等	二等	头等	二等	
南京上海北站间	元 $17.80	元 $11.25	元 $14.20	元 $9.45	去程当日适用回程七日内有效发票之当日作一日计算
镇江上海北站间	元 $13.75	元 $8.70	元 $11.05	元 $7.35	
南京无锡间	元 $11.05	元 $7.05	元 $9.25	元 $6.15	
上海北站无锡间	元 $8.35	元 $5.25	元 $6.55	元 $4.35	
上海北站苏州间	元 $5.85	元 $3.75	元 $4.95	元 $3.30	
南京杭州间	元 $30.20	元 $19.20	无 Nil	无 Nil	须当日起程二日内到达终点回程十日内有效发票之当日作一日计算得在上海北站分程

(丑)津浦铁路　津浦铁路起自天津，止于浦口，共长一〇〇九·四八公里，经冀、鲁、皖、苏四省，北与北宁铁路衔接，南与京沪铁路相通，为南北交通枢纽，现首都轮渡工程业经告竣，联运尤称便利。兹将该路最近之行车时刻表及各项价目表，分别列后。

津浦铁路由天津东站至下列各站价目表

价目 站名	特别快车三等票价	三等票价加一倍即二等票价加二倍即头等票价
天津总站	三角	一角五分
天津西站	三角五分	二角
沧州	二元四角五分	二元一角五分
泊头镇	三元一角五分	二元八角五分
德州	四元五角五分	四元一角
济南府	六元七角	七元三角
泰安府	八元〇五分	七元三角
兖州府	九元六角五分	八元七角五分
临城	十一元四角	十元三角五分
徐州府	十二元五角五分	十一元五角
福履集	十三元七角五分	十二元五角五分
南宿州	十三元九角五分	十二元七角五分
固镇	十四元七角五分	十三元五角五分
蚌埠	十五元六角五分	十四元三角
临淮关	十六元〇五分	十四元七角
明光	十六元六角五分	十五元三角
滁州	十七元九角	十六元四角
浦镇	十八元八角五分	十七元二角
浦口	十八元九角	十七元二角五分
下关	十八元九角五分	十七元三角

由南京下关至上列各站价目，可以本站之数，减去到达站之数，即得。

由南京起至下列各联运站普通来回游览票价目

站名	取道何站	头等	二等	有效期间
北平	天津	87.20	58.15	一个月
开封	徐州	48.05	32.05	一个月
郑州	徐州	53.00	35.35	一个月
洛阳	徐州	62.25	41.50	一个月
石家庄	徐州　郑州	84.95	56.56	一个月
太原府	徐州　郑州	103.65	69.10	一个月
北戴河	天津	96.20	64.15	票售时期每年 1/5 —30/9
秦皇岛	天津	95.95	64.00	票售时期每年 1/5 —31/10
山海关	天津	97.10	64.75	票售时期每年 1/5 —31/10
青岛	济南	79.80	53.20	五月至八月发出者至九月卅日止九月至四月发出者以一个月为限

卧车价目

头　等　上铺　每夜三元半

　　　　下铺　每夜四元半

二　等　上铺　每夜二元半

　　　　下铺　每夜三元

特别快车附加费

每一百公里或不满一百公里

头等 … … … … … … 六角

二等 … … … … … … 三角

三等 … … … … … … 一角五分

由南京至下列各站联运特快价目表

路名	站名	取道何站	头等	二等	三等	有效日期
陇海路	开封	徐州	36.15	23.40	11.70	3
	郑州	徐州	40.05	25.90	12.95	3
	洛阳	徐州	46.80	30.30	15.15	3

续表

路名	站名	取道何站	头等	二等	三等	有效日期
陇海路	陕州	徐州	55.05	35.60	17.80	4
	潼关	徐州	59.85	38.80	19.40	4
平汉路	石家庄	徐州　郑州	64.35	41.60	20.80	4
	新乡	徐州　郑州	44.85	29.00	14.50	3
	保定府	徐州　郑州	71.70	46.40	23.20	5
正太路	太原	徐州郑州石家庄	78.60	50.80	25.40	5
	榆次	徐州郑州石家庄	77.40	50.00	25.00	5
平绥路	包头	天津总站丰台	111.15	72.10	36.05	7
	绥远	天津总站丰台	104.55	66.50	33.25	7
胶济路	青岛	济南	60.30	39.00	19.50	4
	周村	济南	43.05	27.90	13.95	3
北宁路	北平	天津总站	64.65	42.00	21.00	3
	丰台	天津总站	64.05	41.60	20.80	4
	北戴河	天津东站	70.65	46.00	23.00	5
	秦皇岛	天津东站	70.50	45.90	22.95	5
道清路	焦作	徐州郑州新乡	49.35	31.90	15.95	3
沪杭路	杭州	上海	20.10	12.80	6.65	3
	南星	上海	20.10	12.80	6.65	3
	闸口	上海	20.20	12.90	6.70	3

（寅）京杭公路　京杭公路为苏、浙、皖三省联络公路之一，起自南京西华门，止于杭州武林门，经江苏之句容、溧阳、宜兴，及浙江之长兴、湖州，共长三二六公里。全路交通业务，南

京至长兴段现由江南长途汽车公司独家经理，长兴至杭州段则由浙省公路局通车营业，兹将该路京长段及京杭联运直达各项行车时刻表，及价目表，分列于后。

京杭联运直达车行车时刻表

下行车

站名	南京	句容	溧阳	宜兴	长兴	湖州	三桥埠	杭州
时间	上午 7:00开	上午 8:25到 8:30开	上午 11:05到 11:10开	下午 12:10到 12:40开	下午 2:10到 2:15开	下午 2:50到 2:55开	下午 4:00到 4:05开	下午 5:30到

上行车

站名	杭州	三桥埠	湖州	长兴	宜兴	溧阳	句容	南京
时间	上午 7:00开	上午 8:25到 8:30开	上午 9:35到 9:40开	上午 10:15到 10:20开	上午 11:50到 下午 12:20开	下午 1:20到 1:25开	下午 4:00到 4:05开	下午 5:30到

京杭联运直达车各站客票价目表

票价 起站 / 止站	南京	句容	溧阳	宜兴
杭州	五元八角	五元	三元六角	二元九角
三桥埠	四元九角	四元一角	四元七角	二元
湖州	四元二角	三元四角	二元	一元三角

江南长途汽车公司南京总站，在西华门逸仙桥，分站在中正街西成旅社，分站开车时刻，照表上南京总站早二十分钟，票价与总站同。此外该公司为便利总理陵园游客起见，特设有陵园游览专车。其行车时刻如下：

陵园游览车行车时刻表

上行车
（由城内至陵园）

站名	时间＼车次	一	三	五	七	九	十一	十三	十五	十七
中正街	点分开	上午八·〇〇	九·〇〇	一〇·〇〇	一一·〇〇	下午一·〇〇	二·〇〇	三·〇〇	四·〇〇	五·〇〇
新街口	点分开	上午八·〇六	九·〇六	一〇·〇六		下午一·〇六	二·〇六	三·〇六	四·〇六	
大行宫	点分开	上午八·一〇	九·一〇	一〇·一〇		下午一·一〇	二·一〇	三·一〇	四·一〇	
西华门	点分开	上午八·一二	九·一二	一〇·一二	一一·一二	下午一·一二	二·一二	三·一二	四·一二	五·一二

下行车
（由陵园至城内）

站名	时间＼车次	二	四	六	八	十	十二	十四	十六	十八
灵谷寺	点分开	上午八·三〇	九·三〇	一〇·三〇	一一·三〇	下午一·三〇	二·三〇	三·三〇	四·三〇	五·三〇
中山墓	点分开	上午八·二七	九·二七	一〇·三三	一一·三三	下午一·二七	二·二七	三·三三	四·三三	五·三三
四方城	点分开	上午八·二三	九·二三	一〇·三七	一一·三七	下午一·二三	二·二三	三·三七	四·三七	五·三七
孝陵卫	点分开	上午八·三五	九·三五	一一·二五		下午一·三五	二·三五			

(卯)京芜公路 京芜公路为苏、浙、皖三省联络公路之一,复为七省联络公路京黔干线之首段,起自南京中华门外雨花路,讫于安徽芜湖,共长九十二公里,所经区域,有南京市及苏、皖两省。全路交通业务,自南京至慈湖镇一段,由江苏省建设厅设长途汽车管理处办理,其自慈湖镇至芜湖一段,则由皖省京芜路西段长途汽车公司承包营业,兹将该路京芜联运直达,及西段各项行车时刻表,及价目表,分列于后。

京芜联运客票时刻表

南京开芜湖[1]

车次 站名	第一班特快	第二班联车	第三班联车	第四班联车
南京下关	上午八点开		上午十一点开	下午二点开
南京中华门	上午八点三十分	上午八点三十五分开	上午十一点三十分	下午二点三十分
江宁镇	上午九点十分	上午九点二十五分	上午十二点十分	下午三点十分
慈湖镇	上午九点四十一分到	上午十点到	上午十二点四十分到	下午三点四十分到
慈湖镇	上午九点五十分开	上午十点十分开	上午十二点五十分开	下午三点五十分开
采石镇	上午十点十分	上午十点三十分	下午一点十分	下午四点十分开
当涂县	上午十点四十分	上午十一点	下午一点四十分	下午四点四十分

① 芜湖:原文误为“湖芜”。

芜湖	上午十一点三十分到	上午十一点五十分到	下午二点三十分到	下午五点三十分到
附注	接上午七时四十五分到夜快车			接下午一时十五分到京快车

芜湖开南京

车次 站名	第一班特快	第二班联车	第三班联车	第四班特快到南门为止
芜湖	上午五点五十分开	上午八点开	下午一点开	下午三点开
当涂县	上午六点四十分开	上午九点	下午二点	下午四点
采石镇	上午七点〇五分	上午九点三十分	下午二点三十分	下午四点三十分
慈湖镇	上午七点二十五分到	上午九点五十分到	下午二点五十分到	下午四点五十分到
慈湖镇	上午七点三十分开	上午十点开	下午三点开	下午五点开
江宁镇	上午八点〇五分	上午十点三十五分	下午三点三十五分	下午五点三十五分
南京中华门	上午八点三十五分	上午十一点〇五分	下午四点〇五分	下午六点〇五分到
南京下关	上午九点〇五分到	上午十一点四十分到	下午四点四十分到	
附注	接上午十时京沪特快车 接上午十时津浦通快车	接十二时四十分开京沪快车	接下午五点二十五分开京沪快车	

说明　凡京芜联运车沿途小站不停，自南京下关京沪车站起经过鼓楼新街口准上不准下，如由南门到下关准下不准上，由南门总站、江宁镇、慈湖、采石、当涂直达芜湖共停六处。

京芜联运客票价目表

芜湖					
	当涂				
		采石			
一元九角	一元二角	九角	江宁镇		
二元四角	一元七角	一元四角		南京中华门	
二元六角	一元九角	一元六角			南京下关

联运行李每人只限免费二十公斤逾重每二十公斤照票价四分之一收费不足二十公斤照二十公斤计算

芜当慈采区间客车时刻表

慈湖开芜湖

班次 站名	第一班 慈当	第二班 当芜	第三班 采当	第四班 当芜	第五班 芜当	第六班 芜当	第七班 芜当	第八班 采芜
慈湖镇	上午七时开							
采石镇	上午七时廿分		上午九时开					下午三时三十分开
当涂县	上午七时四十分到	上午七时开	上午九时二十分到	上午九时开	上午十时三十分开	下午一时三十分开	下午三时开	下午四时
新桥镇		上午七时十分		上午九时十分	上午十时四十分	下午一时四十分	下午三时十分	下午四时十分
大桥镇		上午七时二十五分		上午九时二十五分	上午十时五十五分	下午一时五十五分	下午三时二十五分	下午四时二十五分

二十里铺	上午七时四十分		上午九时四十分	上午十一时十分	下午二时十分	下午三时四十分	下午四时四十分
芜湖	上午八时到		上午十时到	上午十一时卅分到	下午二时三十分到	下午四时到	下午五时到

芜湖开慈湖

站名＼班次	第一班 芜采	第二班 芜当	第三班 芜慈	第四班 芜采	第五班 芜当
芜湖	上午七时开	上午九时开	上午十时三十分开	下午一时三十分开	下午四时开
二十里铺	上午七时二十分	上午九时二十分	上午十时五十分	下午一时五十分	下午四时二十分
大桥镇	上午七时三十五分	上午九时三十五分	上午十一时〇五分	下午二时〇五分	下午四时三十五分
新桥镇	上午七时五十分	上午九时五十分	上午十一时二十分	下午二时二十分	下午四时五十分
当涂镇	上午八时	上午十时到	上午十一时三十分	下午二时三十分	下午五时到
采石镇	上午八时二十分到		上午十二时	下午三时到	
慈湖镇			上午十二时二十分到		

西段芜当慈区间客车票价表

芜湖							
三角	廿里铺						
五角	二角	大桥					
七角	四角	二角	新桥				
八角五分	五角五分	三角五分	一角五分	当涂			
一元二角	九角	七角	五角	三角五分	采石		
一元五角	一元二角	一元	八角	六角五分	三角	慈湖	
							苏皖交界

（丙）航空

吾国航空事业，尚属初创，飞机搭客，尤所仅见，现有之航空线路，其直接经过南京者，有中国航空公司之沪汉渝线，欧亚航空公司之京平兰线，兹将各该线之飞航时刻表，及客票价目表，分别列表于后。

中国航空公司沪汉线及汉渝线飞行时刻及价目表

沪汉段飞航时刻表

除星期一停飞外每日上下各飞行一班

	←东下机	西上机→
汉口	上午八点 开	下午三点〇五分到
九江	上午九点四十五分开	下午一点三十五分开
安庆	上午十点五十分开	下午十二点二十分开
南京	下午十二点五十分开	上午十点三十分开
上海	下午三点〇五分到	上午八点 开

沪汉段客票价目表

	上海				
单程 来回	48元 84	南京			
单程 来回	112 196	64元 112	安庆		
单程 来回	152 266	104 182	40元 70	九江	
单程 来回	200 350	152 266	88 154	48元 84	汉口

汉渝段飞航时刻表

西上机每逢星期三，六由汉口开
东下机每逢星期四，日由重庆开

地名	←东下机	→西上机
重庆	上午八点 开	下午二点四十分 到
万县	上午十点〇五分 开	下午十二点五十分 开
宜昌	下午十二点三十分 开	上午十点二十五分 开
沙市	下午一点二十分 开	上午九点二十五分 开
汉口	下午二点五十分 到	上午七点五十分 开

汉渝段客票价目表

		汉口	沙市	宜昌	万县
沙市	单程 来回	58元 98			
宜昌	单程 来回	87 148	29元 50		
万县	单程 来回	205 348	147 250	118元 200	
重庆	单程 来回	300 510	242 412	213 362	95元 162

欧亚航空公司京平兰线飞航时刻价目表

时　刻

开	到	地名	到	开
星期二 7:00		上海	星期五 14:00	
星期二 9:30	星期二 9:00	南京	星期五 11:30	星期五 12:00
星期二 14:30	星期二 14:00	洛阳	星期四 13:45	星期五 7:00
星期三 7:00	星期二 16:30	西安	星期四 10:45	星期四 11:45
	星期三 10:45	兰州		星期四 7:00

洛阳至北平每星期五　洛阳 7:00 开 11:30 到北平可与星期四由兰州开来之机衔接

北平至洛阳每星期二　北平 8:00 开 12:30 到洛阳可与星期二由洛阳开兰州之飞机衔接

价　目

上海 Shanghai								
270	$ 50.00	南京 Nanking						
960	150.00	690	$ 100.00	洛阳 Loyang				
1 280	215.00	1 010	175.00	320	$ 75.00	西安 Sian		
1 850	455.00	1 580	405.00	890	305.00	570	$ 230.00	兰州 Lanchow

1. 北平至洛阳距离七百公里
2. 北平至洛阳票价 $ 100.00
3. 乘客随身免费行李体积以 75×50×50 公分为限重量以十公斤为限
4. 超过额定重量行李每一公斤按票价百分之 1.5 收费不及一公斤者按一公斤计算余类推

（丁）市内交通

（子）道路　南京全市道路之分布，可于本书卷首所附之《首都城市图》及《首都干路系统图》内，窥得大概情形。其重要干路，已经市府开辟完成者，有中山、中正、太平、朱雀、白下、汉中、中华、雨花、山西、国府、玄武、热河、大光等路，正在兴筑中者有中央、江边等路，至于旧有道路，经市府展宽翻筑者，为数尤夥，兹将本市新辟干路，正在兴筑之干路，及自二十一年四月至二十二年九月展宽翻筑之旧路，分别列表于后。

（丑）市铁路　市铁路创于前清光绪三十三年，至宣统元年，始正式通车，该路自城内中正街起，至下关江口止共分中正街、国府、无量庵、丁家桥、三牌楼、下关、江口七站，全路共长八英里半，兹将该路行车时刻表，及各站价目表分列于后。

南京市铁路行车时刻表

凡有此⊙记号者系副班客车

（一）由江口开往中正街各站时刻

站名／次数	江口开	下关开	三牌楼开	丁家桥开	无量庵开	国府开	中正街到
第一次	5:10	5:15	5:25	5:30	5:35	5:45	5:50
第三次	7:00	★7:05	7:15	7:20	7:25	7:35	7:40
第五次	⊙7:40	★7:55	8:05	8:10	8:15	8:25	8:30
第七次	8:50	8:55	9:05	9:10	9:15	9:25	9:30
第九次	⊙9:50	9:55	10:05	10:10	10:15	10:25	10:30
第一一次	10:50	10:55	11:05	11:10	11:15	11:25	11:30
第一三次	⊙11:50	★12:00	12:10	12:15	12:20	12:30	12:35
第一五次	1:05	★1:25	1:35	1:40	1:45	1:55	2:00
第一七次	⊙2:20	★2:40	2:50	2:55	3:00	3:10	3:15
第一九次	3:30	3:40	3:50	3:55	4:00	4:10	4:15
第二一次	⊙4:35	4:45	4:55	5:00	5:05	5:15	5:20
第二三次	5:40	★5:55	6:05	6:10	6:15	6:25	6:30
第二五次	⊙6:55	7:00	7:10	7:15	7:20	7:30	7:35
第二七次	8:00	8:05	8:15	8:20	8:25	8:35	8:40
第二九次	⊙8:55	★9:15	9:25	9:30	9:35	9:45	9:50

说明

★此系衔接京沪路到车记号
第三次衔接京沪路到京夜车上午七点正到
第五次衔接京沪路到京通车上午七点四十五分到
第十三次衔接京沪路到京镇京车上午十一点五十分到
第十五次衔接京沪路到京锡京车下午一点十五分到
第十七次衔接京沪路到京特别快车下午二点二十分到
第二十三次衔接京沪路到京快车下午五点五十分到
第二十九次衔接京沪路到京慢车下午九点正到

(二)由中正街开往江口各站时刻

次数＼站名	中正街开	国府开	无量庵开	丁家桥开	三牌楼开	下关开	江口到
第二次	6:10	6:15	6:25	6:30	6:35	6:45	6:50
第四次	7:50	7:55	8:05	8:10	8:15	▲8:25	8:30
第六次	⊙8:50	8:55	9:05	9:10	9:15	9:25	9:30
第八次	9:50	9:55	10:05	10:10	10:15	10:25	10:30
第十次	⊙10:50	10:55	11:05	11:10	11:15	11:25	11:30
第一二次	11:50	12:00	12:10	12:15	12:20	▲12:30	12:35
第一四次	⊙1:10	1:20	1:35	1:40	1:45	▲1:55	2:00
第一六次	2:25	2:35	2:50	2:55	3:00	3:10	3:15
第一八次	⊙3:30	3:40	3:50	3:55	4:00	4:10	4:15
第二十次	4:35	4:40	4:55	5:00	5:05	▲5:15	5:20
第二二次	⊙5:40	5:50	6:05	6:10	6:15	6:25	6:30
第二四次	6:55	7:00	7:10	7:15	7:20	7:30	7:35
第二六次	⊙8:00	8:05	8:15	8:20	8:25	8:35	8:40
第二八次	9:05	9:10	9:25	9:30	9:35	9:45	9:50
第三十次	⊙10:00	10:05	10:15	10:20	10:25	▲10:35	10:40

说明

▲此系衔接京沪路开车记号

第四次衔接京沪路快车及慢车上午九点及九点二十五分开

第十二次衔接京沪路快车正午十二点四十五分开

第十四次衔接京沪路京镇车下午二点〇五分开

第二十次衔接京沪路特别快车下午五点二十五分开及京锡车下午六点开

第三十次衔接京沪路夜车下午十一点开

南京市铁路三等客票价目表

					中正街
				国民政府	三等五分
			无量庵	三等五分	三等一角
		丁家桥	三等五分	三等一角	三等一角五分
	三牌楼	三等五分	三等五分	三等一角	三等一角五分
下关江口	三等五分	三等一角	三等一角	三等一角五分	三等二角

（寅）汽车 南京自建都以来，汽车营业，日见发达，市工务局为划一车价以便行旅起见，特规定小汽车价目表，责令车夫悬挂于车中易见之处，兹附录该价目表如下。

南京市工务局规定小汽车价目表

（一）以钟点计算（以车辆为单位）

车别	时间	价目	附注
座车	十五分钟	一元	不满十五分钟者仍以十五钟计算
座车	半点钟	一元五角	
座车	一点钟	二元五角	雇用一点钟以后每十五分钟大洋五角不满十五分钟者仍以十五分钟计算
座车	半日	八元	以六小时计算
座车	全日	十五元	以十二小时计算

（二）以人数计算

车别	上车地点	下车地点	人数	价目	附注
座车	夫子庙或中华门	鼓楼	每人	小洋二角	未达鼓楼路线者仍以至鼓楼计算来往价目同
座车	同上	中央党部或军政部	同	三角	未达中央党部或军政部者仍以达到计算来往价目相同

座车	同上	下关	同	四角	未达下关路线者仍以达到计算来往价目相同
座车	大行宫或内桥	同上	同	三角	同上

（三）以路程计算（以车辆为单位）

车别	**上车地点**	**下车地点**	**价目**
座车	夫子庙或中华门	下关或中山墓	一元五角
座车	同上	中央党部五洲公园莫愁湖	一元二角
座车	同上	清凉山	一元

附注　1. 车价以钟点计算或人数路程计算均听雇主之便但须先与车主言明
　　　2. 不准需索酒钱

至于市内公共汽车现系由兴华汽车公司经理，嗣该公司以办理困难，维持不易于本年三月间呈准市工务局改为暂行官商合办，以资整理，当与该局签定合同，合组管理处，兹将其驶行路线及各站价目，分别列表于后。

（一）行车路线

1. 夫子庙至下关京沪车站线

夫子庙
　奇望街
　五马街
　门帘桥
　花牌楼
　文昌巷
大行宫
　土街口
　新街口
　半边街
北门桥
　司法院
鼓楼
　外交部
　公司门口
　中央党部
　将军庙
　三牌楼
　铁道部
萨家湾

海军部

挹江门

中山桥

大马路

京沪车站(下关)

2. 中华门至下关京沪车站线

中华门

三方巷

三山街

青年会

三元巷

新街口

其余新街口至下关京沪车站一段路线与夫子庙至下关京沪车站线相同

（二）各站价目(以铜元为单位)

1. 夫子庙至下关京沪车站线

夫子庙				
20	大行宫			
40	20	鼓楼		
60	40	20	萨家湾	
80	60	40	20	下关

2. 中华门至下关京沪车站线

中华门				
20	三元巷			
40	20	鼓楼		
60	40	20	萨家湾	
80	60	40	20	下关

(卯)马车　南京近年以来,汽车营业,虽日见发达,但马车之功用,仍有其特长之处,盖取价既较汽车为廉,而携有多量行李之旅客,雇乘马车实较汽车为便,且马车不似汽

车须受道路宽窄之限制，除过狭之里弄外，任何处所，可以直达。至于雇乘马车价目，早经市工务局规定，标准兹将是项价目表附录于后。

南京市工务局规定马车价目表

以钟点计算

车类	时间	价目	附注
轿车	全日	六元	以十二点钟计算
轿车	半日	三元	以六点钟计算
蓬车	全日	五元	以十二点钟计算
蓬车	半日	二元五角	以六点钟计算
轿车	一点钟	八角	雇用一点钟以后每点钟六角半点钟三角不满半点钟者以半点钟计算
轿车	半点钟	四角	不满半点钟者以半点钟计算
蓬车	一点钟	七角	雇用一点钟以后每点钟五角半点钟二角五分不满半点钟者以半点钟计算
蓬车	半点钟	三角五分	不满半点钟者以半点钟计算

（辰）人力车　人力车乘车价格，向无划一之例，市政当局亦无从规定，兹依据实际情形，假定一标准如下，以便随时参考。

1. **以钟点计算**

一、每点钟约小洋三角

二、半日约大洋一元（以五小时计算）

三、一日约大洋二元（以十小时计算）

2. **以里计算，每三华里约小洋一角五分，一华里约铜元二十枚**

3. 设集中点两处，其价目约如下列标准

一、由鼓楼/夫子庙至国民政府小洋二角

二、由鼓楼/夫子庙至中山门小洋二/三角五分

三、由鼓楼/夫子庙至第一公园小洋二/一角五分

四、由鼓楼/夫子庙至玄武湖小洋一/四角五分

五、由鼓楼/夫子庙至中央饭店小洋二角

六、由鼓楼/夫子庙至水西门小洋二角五分

七、由鼓楼/夫子庙至兴中门小洋二/五角五分

八、由鼓楼/夫子庙至汉西门小洋二角五分

九、由鼓楼/夫子庙至中华门小洋三/二角

十、由鼓楼/夫子庙至中正街小洋二/一角五分

十一、由鼓楼/夫子庙至北门桥小洋二/一角五分

十二、由鼓楼/夫子庙至新桥小洋二/一角五分

十三、由鼓楼/夫子庙至武定桥小洋三/二角

十四、由鼓楼/夫子庙至三山街小洋二/一角五分

十五、由鼓楼/夫子庙至沪宁车站小洋三/六角

十六、由鼓楼/夫子庙至九龙桥小洋三/二角五分

十七、由鼓楼/夫子庙至大香炉小洋二/一角五分

十八、由鼓楼/夫子庙至花牌楼小洋二/二角

十九、由鼓楼/夫子庙至成贤街小洋二/一角

二十、由鼓楼至夫子庙小洋三角

（巳）自行车　自行车，可向自行车行租用，租价全日约小洋十五角（以十小时计算），半日约小洋八角（以五小时计算），每小时约小洋二角，晚间添加水电灯，每小时另加小洋五分。

（午）驴马　除上述各项交通工具外，尚有驴马可以代步，每驴雇价，每天约大洋一元，马则倍之，至驴马夫之酒饭资，可随意酌给二三角不等，雇乘驴马之处，大多在城内鼓楼、十庙口、中华门、中山门、兴中门一带。

第八章　公共卫生

(甲) 本市之卫生设备

本市卫生行政，自前卫生局裁撤后，现系由市府直接掌理。至于卫生事业方面，则由市府另设清洁总队、屠宰场及卫生事务所分别办理。清洁总队下分东、南、西、北、中、关浦六路分队，及特务分队与下关清洁所。其所司职务为：道路之扫除洒水，垃圾之处置，河池之保持清洁，沟渠、菜场、柴场之查察，粪便之处置，厕所、粪缸、粪坑、便池之登记管理及取缔；登记家犬及捕捉野犬，水船、粪船之检查及取缔，以及一切有关清洁之设计调查及指导事项。屠宰场系办理牛羊猪只及其他食用兽类之屠宰检验事宜。卫生事务所内分防疫、保健、医务及化验、总务四课，共设诊疗所六处，传染病医院一所，现并积极筹设大规模戒烟所一处，藉利烟禁。市府每月用于卫生事业方面之费用综计约二万二千七百余元之数，他如种痘防疫，减蝇等临时用费，尚不在内。各诊疗所除初诊酌收挂号费铜元十枚，复诊收铜元五枚外，医药一概免费。倘遇需用血清等贵重药品时，则以代办方法，按值收价，唯赤贫仍一律豁免，以是市民之前往求治者，平均每日有六七百之多。此外各诊疗所并办理产前产后检查，及为市民接生。产前产后检查，关系产妇及婴儿之健康至巨，以前市民对于此项检查之利益，尚不甚明了，经事实证明后，现已渐行发展，计本年一月份受检查者，仅一九〇人，至七月份已达六六八人。至各诊疗所为市民接生完全义务性质，仅酌取材料费二元，赤贫概予豁免。计自本年一月份起至七月份止各诊疗所为市民接生共五一二人。各诊疗所于晚间及例假，并派员轮流值班，以便随时救治一切临时发生之急症。市立传染病医院，甫于二十二年六月正式成立，缘市府鉴于本市公私立医院，大半缺少隔离设备，遇有传染病患者，每感无处收容诊治，为适应需要起见，特就下关商埠街前外交宾馆房屋，设立传染病医院一所，共有病床四十张，专收下列法定九种传染病症，计：（一）伤寒及副伤寒；（二）斑疹伤寒；（三）白喉；（四）天花；（五）鼠疫；（六）霍乱；（七）赤痢；（八）流行性脑脊髓膜炎；（九）猩红热[①]，免费诊治，以资救济。兹将市立各诊疗机关及《市立传染病医院暂行诊疗章程》，《住院规则》，暨《市立诊疗所诊病规则》分列于后。

南京市市立诊疗机关一览表

名称	地点	主管人或医师姓名
市立卫生事务所	丰富路	王祖祥
市立传染病医院	下关商埠街	倪颖原
市立第一诊疗所	丰富路	俞佑世
市立第二诊疗所	下江考棚	龚越平
市立第三诊疗所	大中桥太平里	陈在永
市立第四诊疗所	下关兴安里	姚之倬
市立第五诊疗所	柳叶街施家巷	张恩祥
市立第六诊疗所	三牌楼狗耳巷	李永刚

① 猩红热：原文误为“腥红热”，现改。

南京市立传染病医院暂行诊疗章程

二十二年六月二十四日南京市政府核准备案

第一条　本院收容及治疗左列法定九种传染病人，其他一切病症概不诊疗：天花、白喉、猩红热、伤寒、痢疾、霍乱、流行性脑脊髓膜炎、斑疹伤寒、鼠疫。

第二条　本院收门诊挂号费铜元十枚，住院、医药等费免收，只收膳费每日三角，贵重药品按值收费，赤贫一律豁免。

第三条　本院病室分两种：（甲）疑似传染病室（收容诊断尚未确切之病人）；（乙）传染病室（分类隔离病人）。

第四条　本院备有衣服被褥，及其他应用物件，病人不得自行携带入院。

第五条　住院病人不得随带家属人等陪侍住院，所有侍护等事，概由本院护士负责办理。

第六条　本院为住院病人之安静，及探视者之安全起见，另定探视病人规则，如病人有亲友探视，应严守该规则所规定之时间及手续。

第七条　本院特备病车，接送病人，不论远近，纳费二元，赤贫免收。

第八条　本院其他各项章程规则另订之。

第九条　本章程呈准市政府后施行。

南京市立传染病医院住院规则

二十二年六月二十四日南京市政府核准备案

一、病人经本院医师认为有住院之必要时，须取得医师签字之入院许可证，方得住院。

二、住院病人须遵守左列各款：

（子）非经医师许可，不得任意擅进饮食或药品；

（丑）非经医师许可，不得擅入他室；

（寅）非经医师许可，不得随意出外；

（卯）非经医师许可，不得接见宾客；

（辰）不得携带违禁或危险物品；

（巳）不得携同陪伴人住院；

（午）不得自行烹调食品；

（未）不得在指定容器之外，唾涕便溺；

（申）息灯后不得擅燃其他灯烛；

（酉）不得高声喧哗；

（戌）不得有迹近赌博之行为。

三、住院病人须着用本院备制之衣服及被褥。

四、住院病人须服从医师命令，及职员指导。

五、住院病人不得自行摇接电话，必需时得嘱护士或他人代达。

六、病人经主治医师认为确已治愈，而无传染他人之虞者，由医师给予出院许可证，向事务员登记后，方得出院，其尚未全愈，或有传染散播之可虞者，不得中途要求出院。

七、住院病人所携带之物品，于出院时须经消毒后，给予放行证，方得携出。

八、住院病人如有不遵守本规则，经劝告不听者，得强行禁止之。

南京市立诊疗所诊病规则

二十二年九月一日南京市政府核准备案

第一条　本规则根据《卫生事务所组织规则》第十二条之规定订定之。

第二条　本诊疗所视情形之需要，设置各项诊疗科目。

第三条　本诊疗所只应门诊，概不出诊或留诊。

第四条　门诊挂号，初次收铜元十枚，复诊收铜元五枚，医药免费，倘遇需用血清等贵重药品时，得以代办方法，按值收价，唯赤贫一律豁免。

第五条　凡到所请求诊病者，无论军、政、商、学各界人等，均须挂号，依次在待诊室听候诊视，不得托故争先。

第六条　凡到所请求诊病者，必须服从本诊疗所医师职员之指导。

第七条　倘有重病或传染病请求诊治者，应先送至本诊疗所视其情形之需要，再分别转送医院医治。

第八条　倘有传染病发现时，由本诊疗所用最速方法，通知卫生事务所紧急预防。

第九条　本诊疗所备有救护汽车，凡经本诊疗所诊视，认为有送医院之必要时，得以汽车送往，不取分文。

第十条　本诊疗所除依照市政府颁布办公时间诊病外，所有例假星期等日，轮值诊视急症，其挂号手续与平时同。

第十一条　本规则自呈准市政府公布之日施行。

又市府以医士虽属自由职业，实寓慈善性质，与普通营业专为牟利者不同，乃查本市中西医士，慈善为怀，取费低廉者，固不乏人，而故昂诊金，自高身价者，亦所在多有，以致贫病无力就医，往往延误，亟应切实取缔以资救济，爰特规定本市中西医士诊金标准，通饬遵照。兹附录本市中西医士诊金标准如下：

本市中西医士诊金标准

一、门诊诊金：

（甲）普通不得超过一元。

（乙）拔号不得超过二元。

一、出诊诊金：

（甲）城内医士在城内出诊，下关浦口医士在下关浦口出诊，一律不得超过五元。

（乙）城内医士赴下关浦口出诊，下关浦口医士赴城内出诊，一律不得超过十元。

（丙）如遇急症，必须随请随到者，得酌量增加，但不得超过甲乙两项规定诊金标准数目百分之五十。

一、出诊车资，及其他使费，一律在诊金之内。

一、出诊不得拔号。

一、挂号费无论门诊、出诊，一律不得超过一角。

一、在医院内执业之医士，用本标准之规定。

（乙）医院及诊疗所

南京全市，除市立传染病医院及各诊疗所外，其他公、私立医院及诊疗所，为数甚夥，兹将其他公立之医院及诊疗所，暨曾向市府呈请登记备案之私立医院，列表于后，以供社会人士之参考。至于私立各诊疗所，均仅有医师一人，其姓名及开业地点，见下列之《南京市开业医师一览表》内，兹从略。

南京市公私立医院及诊疗所一览表

名称	院址	病床数	院长姓名
国立中央医院	黄埔路	二二八	刘瑞恒
鼓楼医院	鼓楼	一五五	谈和敦
又新医院	洪武路老王府	二〇	相又新
金陵疗养院	中山东路	二〇	包农辅
首都医院	糖坊桥五七号	一〇	蔡昆岗
赵氏医院	太平路磨盘街	一〇	赵士法
省三医院	浮桥十一号	一一	任省三
东南医院	杨将军巷八号	二〇	邹邦元
慕慈医院	石婆婆巷十九号	一〇	黄孟虞
板桥医院	石板桥三号	一〇	金铭良
鸣宇医院	建康路二六二号	一〇	金鸣宇
东南分医院	天寿里二〇号	一〇	邹邦元
博爱医院	惠民桥七二号	二〇	程兰斋
中央军校医院	黄埔路	七〇	卢致德
次屏慈善医院	颜料坊八三号	一〇	田履冰
百龄医院	国府路	一二	谢百龄
光中医院	香铺营	三〇	余光中
广东医院	上乘庵	二八	程弈立
康济医院	二廊庙四号	二〇	黄孟祥
三山医院	龚家桥九九号	一〇	董德新
升平医院	白下路一五六号	一〇	徐承基
粹华产科医院	火瓦巷二六号	一〇	夏粹华
樵山医院	火瓦巷五三号	一〇	苏樵山
济生医院	火瓦巷二九号	四〇	何济生
三民医院	中正路二七八号	一〇	曹宗焕
春生医院	姚家巷七号	一〇	杨春生
城南医院	新姚家巷	一〇	余　霖
国民医院	中正路破布营四号	一〇	张宗田
军政部第一陆军医院	细柳巷	一〇〇〇	郭昌锦
陆军医院分院	中正街万寿宫		
中国国医医院	黄泥岗	一〇	方富健
逢怡医院	同上	一〇	张逢怡
南京医院	大石桥	一〇	夏禹鼎
民生医院	四牌楼	一〇	胡嘉训
首都警察厅警察医务所	红花地		陆　俊

（丙）医师

市府前为便于管理市内开业医师起见，特制定《管理开业医师暂行规则》，凡在本市开业之中、外国籍医师，均应向市府声请登记注册，领取开业执照。兹将市府先后核准开业之医师，列表于后，以供求医者之参考。

南京市开业医师一览表

姓名	开业地点	姓名	开业地点
金诵盘	铜银巷三八号	江　瀚	唱经楼西街七四号
胡经欧	中正街	何惟元	大行宫兄弟药房
赵士法	磨盘街二号	袁征义	贡院西街五号
任　吾	浮桥	李文澜	杨将军巷十二号
刘庆绶	大香炉小板巷二号	吴永裕	韩家巷二五号
狄福晋	祠堂巷十四号	黄孟祥	二廊庙
李锦文	下关新马路三九号	黄叔明	杨将军巷十二号
郑怀仁	鼓楼南四号	裴素君	二廊庙康济医院
苏樵山	火瓦巷	邹邦元	杨将军巷东南医院
董德新	三山街大宫坊	张逢怡	鼓楼黄泥岗十四号
胡　鹏	柳叶街七八号	柏栋臣	平江府街
刘永昌	昇平桥昇平巷	禤仲良	中山路仲良医院
相又新	老王府	杨　极	刘军师桥金陵疗养院
李希贤	中正路平安里	任　吾	四象桥华美药房
刘继成	太平街生生药房	程兰斋	下关
金鸣宇	奇望街	朱　焕	太平街生生药房
张荫荅	卢妃巷四三号	黄孟虞	石板桥石婆婆巷
谭守仁	廊后街二〇号	吴中士	龚家桥金汤里七号
徐承基	广艺街十八号	李　任	马道街二五号
余光中	香铺营	陈　盘	中央医院
陈闻达	同仁街二二号	王锦洲	牙巷八号

崔馥卿	牛皮街正德送诊所	张宗田	中正路破布营
黎爱兰	龙王庙济生疗养院	陈道生	黄泥冈十二号
胡　克	中山门外扫帚巷	欧阳点	朝天宫西街七八号
陈润生	碑亭巷泽民医所	程弈立	中山路广东医院
吴　骥	止马营二八号	姜本宽	中山路一五二号
费棣华	刘军师桥金陵疗养院	王伯炎	三眼井二四号
程立钧	上乘庵广东医院	孙济方	徐家巷十一号
潘文炳	顾楼大街	孙　廉	估衣廊一〇三号
金绍周	下关富润里四号	朱寿江	白下路一一三号
王畏三	新街口兴业里二号	冯励端	四圣堂十七号
龚积澜	成贤街永康里一号	陈居廉	裘家巷十五号
余　霖	新姚家巷	王宝楹	太平路瑞麟里三号
夏禹鼎	大石桥宁安里	戴夏民	胪政牌楼雨花巷十号夏民医院
金铭良	石板桥板桥医院		
崔仲彬	羊市桥六号	金理财	石坝街十三号
张岐昌	仓巷	徐世俊	石坝街十三号
李紫衡	明瓦廊五号	宣鹤吉	手帕巷八号
傅济沧	颜料坊美德医院	谢伯龄	国府路八五号
杨椿生	姚家巷椿生医院	俞卓初	紫金坊十七号
蒋山青	中山路二段二二四号	许驾韬	鱼市街八三号
王海天	成贤街十六号	傅近秋	铁作坊六四号
周文炘	朱雀路	仇嵩庆	水左营十一号
周服之	安仁街二号	施秉慧	竺桥桃源新村二一号
金英哲	文昌巷震旦医院	刘远伯	南门外南山门二三号
刘松龄	刘军师桥金陵疗养院	程立卿	上乘庵广东医院
李更生	中山路一五二号	胡鸿元	扫帚巷三号
刘殿文	石板桥板桥医院	顾真卿	建康路三九九号
王文屏	估衣廊一〇三号	邓朝荣	中山东路一二四号
颜锡荣	市府路二八号	章景葆	鼓楼医院
戴盛熙	淮清桥六一号	陈振华	湖北路六四号陈振华眼科诊所
金　鉴	三牌楼校门口十四号		
蔡昆岗	沐府西街	程清水	汉中路九号
俞卓初	火瓦巷二六号	陈保勤	北门桥中英药房
闻亦齐	成贤街五二号	王基安	国府路八五号

刘意明	智粮所	严京铨	洪武路七四号
黎爱兰	高家酒店一号	古文海	颜料坊次屏慈善医院
贺　俊	贡院西街四九号	赖　觉	下关绥远路一八二七号
余实生	石鼓路三三号	古文海	平江府四十号
吴谷钦	太平路生生药房	欧阳熙	朝天宫西街五七号
朱苏忱	颜料坊四三号	王基安	祠堂巷口
翟慎之	小辉复巷二六号	吕玉燕	土街口寿康里四号
朱富国	石鼓路一七四号	濮齐秀	白酒坊七号
劳书一	东牌楼十七号	郭培青	中山北路七四四号
张哲民	太平路六〇号	田履冰	颜料坊次屏慈善医院
张有铨	门帘桥天德药房	黄文山	平江府四七号
张宗田	南捕厅十九号		

（丁）国医

市府前以前卫生部所颁布之《管理医师暂行条例》，仅指西医而言，国医并不在内，以致开业国医，漫无管理，或限制，殊非慎重民命之道，爰特订定《管理开业国医暂行规则》及《审查规则》，并聘请医理精通，经验宏富之国医，组织审查委员会，凡本市开业国医，均须请求登记，听候审查，并举行国医试验，以甄别一般资历不合规定之国医，如资历经审查相符或试验及格者，则由市府分别发给证书及开业执照，以便管理，是项审查及试验，业已举行两次，兹将市府核准开业之国医列表于后，以供求医者之参考。

南京市开业国医一览表

姓名	开业地址	医治科目
张简斋	鞍辔坊	内外科
杨伯雅	慧圆街	内外科

随翰英	铁作坊	内科
张栋梁	磨盘街四号	内外科
朱子彝	下关天寿里十号	内妇科
胡子宪	秦状元巷二十一号	内外科
郭受天	行口街老坊巷三十九号	内外科
汪绍生	古钵营三号	内外科
丁伟卿	玉带巷二五号	内科
方靖夫	钓鱼台	内科
王金液	花露岗二六号	杂科
王植春	太平路存心泰药号	内科
朱子卿	信府街一一一号	内妇科
朱少卿	仓巷桥	内科
汪养之	鸡鹅巷	内科
汪济生	黑簪巷十号	内外科
杭诚斋	东关头六十三号	内外科
洪立升	钞库街堂子巷二号	牙眼科
徐近仁	天寿参药号(大香炉)	内科
徐宾如	大油坊巷	内外科
梁小亭	柳叶街	正骨科
陈子绅	国府路泰山旅馆	内外科
殷海澄	估衣廊八二号	儿科
孙也韩	仓巷一三四号	儿科
曹仰周	大纱帽巷六八号	外科
张友直	北门桥程恒春药号	内科
黄乃赓	中华门外宝塔根二九九号	内科
冯宝之	牛市	喉科
冯端生	高家巷	内科
曾雨生	建康路四一九号	内科
傅荣增	白下路三一九号	内科
杨荫庵	评事街生生堂	内科
杨仲雅	慧圆街十号	内外科
葛蔚堂	集庆路一一八号	内科
郑国珍	大中桥四七三号	内科
刘炳明	红纸廊四号	内外科

谌估之	估衣廊一二六号	喉齿科
钱木斋	长生祠国医公会	杂科
魏问樵	石鼓路三〇四号	内科
方富健	太平路二六一号大安旅社三号	花柳外科
文啸潮	泥马巷八号	内科
石世镛	门东小心桥一二号	内妇科
左顺之	珍珠桥聚东旅社	内科
朱石樵	石鼓路三三号	内妇科
吴志奇	八府塘一号	内科
吴锡兰	下关正丰街四号	内外科
宋则彝	胪政牌楼邓府巷大中华旅社	内科
余济康	北门桥鸡鹅巷五十三号	内科
沈灵犀	新街口兴业里十四号	内科
周嘉行	秤它巷三号	内科
唐少鸿	花牌楼建福里一五号	内科
陈培庵	鼓楼北忠实里二号	内妇科
崔绍棠	羊市桥二八号	内外科
曹绍庭	下关正丰街四号	内外科
黄慎夫	太平路文昌巷三四号	内科
黄荫侯	金沙井二十六号	内科
张鞠尊	石板桥五三号	内科
高省三	薛家巷十四号	内科
程希直	浦口洋街万和药号	内科
温悦堂	门东转龙巷	针科
傅营之	西华门二八号	内妇科
杨循初	石鼓路一八号	内外科
叶葆元	门西花露岗九四号	内科
刘鞠农	马巷	内科
刘伯英	傅佐园一七号	内科
刘济生	马道街一九号	内外针科
刘茀苏	白下路三〇五号	内科
潘洁甫	鼓楼北二六号	内科
魏润生	卢妃巷西方庵四五号	内科
谭韵笙	洪武路二五六号	妇内喉科

孔少海	旧王府五十号	内外科
王铭甫	钓鱼台	儿痧痘科
王伟堂	上新河河北街	内外科
井振亚	锦绣坊三十号	眼科
王雨亭	下关美孚街二七〇号	内科
王继人	建康路二七九号	外科
王翰臣	下关三马路	内科
王吉生	英威街三四号	内科
王鹤亭	和会街正心福药号	内外科
王鉴渠	泥马巷八号	外科
王鉴清	广艺街二二号	眼科
王舜卿	下关三多里四号	内外科
王小轩	大常巷一一号	内科
白光亮	大丰富巷一五号	眼科
包纯甫	土街口西八二号	儿科
包农辅	刘军师桥八二号	内外妇科
石少卿	评事街一六九号	内科
田蔚文	伟巷二四号	内外科
朱锡五	磨盘街二号	妇科
任鉴卿	东牌楼二八号	内科
朱寿章	下关永宁街海寿里九号	内外科　牛痘科
伍小秋	徐家巷四二号	内科
江寿山	国府路泰山旅馆	针科
朱小波	颜料坊	内科
朱兰孙	堂子街五十号	内外科
朱少泉	下关永宁街瑞和堂	内科
朱钟山	铜作坊三九一号	内科
邵季雅	长乐路一五五号	内儿科　痧痘科
李客甫	猫鱼市二号	内外科
李岳云	华侨路二〇号	内妇科　儿喉科
江诚卿	油市大街	内妇科
汪西林	浦口大马路万和堂	内科
佘雨三	张都堂巷二号	内喉科
李金魁	贡院西街九号	牙科

何霜梅	周必由巷一六号	内科
李教三	仓巷	儿科
佘鼎臣	大牵牛巷二八号	内科
吴沁泉	胡园孝子坊	伤科
吴友衡	铜作坊魁星茶园	喉科
李嵩涛	浦镇金汤门	内外科
何其愚	永宁街八八号	内外科
吴海泉	太平桥三号	针科
李济川	新廊街七号	外科
邵星斋	信府河九二号	内外齿科
汪绍松	中山路	内科
汪六皆	北门桥同生堂	内科
金雨田	弓箭坊四五号	内科
周济平	门东中营四二号	内科
周一渔	李府巷一五号	外科
周公显	丁官营七一号	内儿科
邱啸天	王府园九五号	内喉科
周柳亭	羊市桥四八号	内儿科
金筱山	鱼市街同心福药号	内科
林福海	挹江门外冻冰房一四号	外科
周寿臣	院门口仁寿堂	内科
周璞生	中华门外小市口一〇四号	内科
胡系之	中山东路三二四号	内外科
侯席儒	门西水斋庵六号	内科
姚小轩	惠民桥南余德堂药号	内外科
姚伯藩	陶家巷	内外科
马襄伯	中华门外殷巷镇	内外科
胡伯珍	下关天光里一九号	针科
胡慕周	建康路承恩寺	内科
徐又椿	天寿参药号(大香炉)	内儿科
马明才	洪武路二三四号	儿科　按摩科
陈卜孚	小石坝街四四号	内科
陆熙伯	颜料坊八九号	内外科
马瀚波	洪武路二三四号	内眼科

徐嵩崖	柳叶街三五号	针外科
陈荫庭	颜料坊六三号	内科
陈少海	信府河八号	内外科
徐绍如	大油坊三九号	外科
陈棣华	闺奁营一七号	内外科
陈培卿	大油坊巷	内科
马荩廷	和平门外燕子矶	内外科
陈朗秋	下关永盛里七号	内科
夏时卿	下街口长生庵	内外科
徐绍培	下关惠民桥大赐里	外科
陈逊斋	淮清桥	内科
孙绳祖	信府河八一号	内科
殷叔平	下关龙江桥仁寿药号	儿科
陈季年	通济门裘家湾十号	推拿科
陈月樵	下关二马路	内科
翁荫生	下关邓府巷大龄生药号	内科
唐法余	止马营三四号	外科
郭伯彝	许家巷十号	外妇科　儿科
孙少铭	中华门菜市口	外科
陈锦荣	老王府六四号	外科
盛保农	绒庄街二一号	眼科
高仲新	太平路文昌巷庆春和药号	内妇儿科
接玉金	绫庄巷一七号	内眼科
高惕之	北门桥	内科
张钟山	南门煤灰堆二五号	外科
盛辅臣	大石坝街八三号	内科
张雨生	下江考棚长生庵	儿痧痘科
张少珊	黑廊大街	内科
焦幼甫	琥珀巷六号	内科
张少南	东牌楼三二号	眼科
黄仲和	信府河一三三号	内外科
张镜秋	牛市三三号	内科
屠祥思	下关虹霁桥	外科
毕正清	三汊河南岸一七号	针灸推拉科

张敬斋	长乐路东三五五号	内妇儿科
张栋南	新菜市一八号	外科
符荫东	箍桶巷一九号	内科
高席珍	下关邓府巷徐裕生药号	内科
张绍元	安品街六十号	内科
张绍炳	上浮桥	内科
张松乔	小斋庵一四号	内外科
章恕卿	下关美孚街一四五号瑞生堂	内科
程瑞卿	三眼井四九号	内外科
裴用舟	胭脂巷	针科
程锦远	笪桥市一号同生福药店	内科
彭光卿	钓鱼台五十号	内科
闵小纯	马府街一五号	内科
程文松	上新河螺蛳桥	内科
黄子贞	鸡鹅巷	内科
裘汉臣	王府园一三三号	内外科　牛痘科
黄寿人	南门剪子巷	儿科
程筱竹	信府河一一六号	内科
程振之	同仁街	内科
程俊斋	糯米巷	内科
费荫庭	下关宝塔桥八十三号	外科
黄慎斋	长乐路二八一号	内外科
翟俊良	辉复巷一八号	外科
黄绍舒	洪武路塘子巷一七号	内外科
虞芸圃	太平里火星庙	内外科
翟云生	柳叶街五三号	内科
崔寿乔	浦口天桥北大生堂药号	内科
葛寿彭	慧圆街十号	内外科
叶配之	新街口天生寿药店	内科
杨勋臣	木屐巷三号	内科
杨荫仁	太平路春生堂	内科
叶子祥	下关虹门口四号	内儿喉科
叶仲经	复兴巷一号	内科
杨　钰	糖坊桥三十三号	内针科

赵吉甫	户部街	内科
齐福缘	龙平街十六号	外科
赵效农	大香炉	内科
赵又新	珠宝廊	内科
黎沄汉	太平桥二十六号	内外科
端海仙	下关商埠街毓善里六号	内科
蔡亮丞	洪武街	内科
刘灏如	大中桥东尚书巷	内科
鲁质夫	九儿巷二七号	内儿科
蔡超伯	颜料坊六一号	内科
邓鲁泉	鞍辔坊	内科
刘友余	糯米巷	针科
刘佐轩	二郎庙	内外科
潘子龄	三汊河南岸四十五号	内外科
刘金芳	浦口河沿街济生堂	针科
谌慕韩	大彩霞街四七号	喉齿科
谢浩如	北门桥谢天生药号	内科
卢筱亭	天津桥四十五号	内科
谌叔侯	估衣廊九一号	喉齿科
应锡祺	户部街六十八号	内科
薛子洲	虹霁桥大年堂	内科
谢京伯	鸣羊街孝子坊三号	针灸科
谢少奇	过街楼小百花巷	内科
戴珩孙	下关鲜鱼巷同春药号	内儿痧痘科
龙颐庭	膺府街李养真药号	内科
丛静涵	马巷	内儿科
顾燮堂	南门大街二百二十九号	外科
严筱芗	淮清桥老松山堂	内科
萧劭夫	三牌楼存心泰药号	内妇科　儿科
韩永福	挹江门外姜家园一百零四号	针科
萧良材	三条巷	内科
谭振洪	下关恕德里二九号	外科　伤科
谭　经	大辉复巷二八号	内儿科
严一鸣	扫帚巷永年堂	内科

严润之	门帘桥茂和药号	内外科
严雪齐	洪武街	内科
苏剑秋	估衣廊	内科
苏石卿	莲花桥四十七号	儿科
郑峡崖	长乐路二七五号	内科
孙厚卿	仓巷木屐巷二十号	儿科
吉友山	黑簪巷三号	内科
濮青宇	白酒坊十三号	内科
杨健安	陡门桥观音阁	内科
朱衡三	信府河五十四号	内科
杨绍伯	慧圆街十号	内外科
孙光贻	慧圆街十号	内外科
曹光普	乌衣巷十六号	内科
戴洛卿	三铺两桥九号	内外科
程寿山	陆家巷八号	内科
曾叙初	建康路四一九号	内科
万锦棠	大香炉六十六号	内科
陈慈煦	乌衣巷十六号	内外科
郭伯彝	许家巷二十号	内科
朱冠五	颜料坊八十号	内科
王森溥	慧圆街十三号	内外科
娄与九	小英府十一号	内科
陈雨村	贡院街第一春饭店	内科
唐伯欧	建康路万全旅馆	内科
戴应庚	洪武路八十九号	内科
戴德伦	洪武路二段一六五号	内科
高星垣	花市街育群中学校	内科
徐来青	璇子巷八十六号	内儿科
李汉高	下关琇球山八十二号	内外科
李式如	仓巷七十号	内科
杨舜琴	大纱帽巷六十四号	内科
胡筱川	三牌楼九十七号	内科
傅子清	水西门外南伞巷十四号	内科
罗阶平	大香炉天寿堂药号	内科

程仲光	慧圆街十号	内外科
祁秉衡	估衣廊十八号	内科
张仲镜	长乐街十六号	内科
程云路	上新河螺丝桥	内科
李海平	石鼓路三段石桥街一六二号	内科
李新日	北门桥同仁巷二十九号	内喉科
张耀南	下关惠民桥升安里三号	内科
吴尚志	洋市桥二十号	内科
姚迈凡	评事街皖商公栈	妇科　内外科
陈寿春	下关永宁街二十九号	内科
李硕臣	洪武街十九号	内外科
孙懋林	下关龙江桥河东徐家巷八号	内科
张文清	柳叶街纸业公会	内科　妇科
顾葆生	门帘桥二号	内外科
邹寿庵	沙湾街二十一号	内科
韩少秋	仓巷八十五号	内科
李运祥	珍珠桥四十五号	内外科
曾干臣	李府巷十六号	内科
李康田	水西关头一〇一号	内科
范诚轩	焦状元巷二十号三进	儿科　内科
陈振五	中山门外定林镇通知寄和平门外卖糕桥胡源金转	内科
张友之	张府园三十二号	内科
陆云璧	南门外米行大街太极堂药号	内科
梅雪南	下关复兴街九号	内科
萧松筠	府西街中区实验学校	内科
裘中和	鼓楼北德春国药号	内外科　花柳科
卢厚涵	仓巷一一八号	内科
包仲泉	花市街祝善隆后进	内科
龙步云	和平门外迈皋桥衡兴利面店后进	内科
方　藻	户部街七十四号	内外科
裴沐天	姚家巷十一号	内科
叶茂春	和平门外街	内科
张绥亟	韩家巷一号	内科

彭相如	兴中门七八七号	内妇科
杨民兴	木屐巷三号	内科
曹际云	新街口忠林坊四十三号	妇科
徐国华	汉西门街四十七号	针科
米鸿年	磨盘街二号	外科
李良臣	朝天宫九十一号	外科
刘锡龄	高家酒店十二号	外科
王伯龙	廖家巷二号	眼科　外科
方述尧	王府园八七三一号	妇科
周柳亭	建邺路九十九号	妇科
蔡晋祥	丁家桥马家街六号	妇科
黄鹤秋	北门桥三眼井许永生药号	妇科
张仲梁	中山东路三十四号镇春和药号	儿科
邵济群	中山东路二四四号	内科
谢云龙	大中桥琥珀巷十六号	内科
潘逸群	白下路三〇五号	内科
李征祥	观音巷十五号	内科
徐绍武	周必由巷三号	内科
宋开第	螺丝转湾罗汉寺	内科
金笏先	中正街新南京饭店	内外科
杨朗山	三条巷六合里五号	内妇科
吕彦侯	铜银巷耀华里九号	内科
钟荫村	贡院西街十七号	内儿科
叶古红	四象桥南洋旅馆	内科
王揖庆	安品街十六号	内针科
郭伯乾	北门桥汇文里三号	内科
古金龙	四象桥南洋旅馆	内外科
潘周仁	东牌楼一一七号	内科
周凤仪	中山东路二〇六号	内科
王　琬	英威街八十二号	内科
陈光宪	鞍辔坊	内科
张俊卿	中华门外养虎巷廿七号	内科
吴林谿	堆草巷十号	内科
曹际云	忠林坊四三号端木恺法律事务所	内科

查静斋	英威街六十号	内科
朱济时	碑亭巷东南旅社	内科
李润泉	仓巷一三四号	内科
李德甫	大行宫杏林春药店	内科
马寿卿	止马营三十五号	内科
翁鉴三	高冈里三十二号	内科
杭继贤	琥珀巷一号何炳章转	内科
朱吉之	和平门外迈皋桥衡兴利号转	内科
丁涤烦	大石桥宁安里五号	内妇科
朱亦丹	致和街百号	内妇儿科
葛哲夫	三牌楼和会街七号	内科
李泽芝	牌楼街庆昌药号	内科
曹　夫	磊功巷	内科
朱正元	信府河一〇三号	内外科
柏介臣	下关利达里七号	内科
魏　悱	白下路二四九号郑忾辰转	内科
陈椿生	豆菜桥二十七号	内科
刘晓春	下关惠民桥塊凤仪里二十七号	内科
刘锡龄	高家酒馆十八号杨质彬转	内科
赵　尚	中华门外窑湾五十二号	内科
黄保和	大米行街人和茶馆对巷内黄颂成家	内科
袁慰苍	石鼓路五十一号	内科
张国贤	干河沿八十二号	内科
王景农	成贤街福成旅馆	内科
蓝柏朋	水西门外大街七十七号	内科
胡文生	下关永宁街德甡永油号	内科
续立功	中华路四十一号	内科
李进之	洪武路二十一号	内科
陈思可	三牌楼和会街七号	内妇科
石培基	贡院街四十七号	内科
马春原	油市大街德泰永国药号	内科
孙镜人	淮海路一一八号转	内妇科
张荣和	浮桥南十二号	内科
邓涌涛	浦口大马路同和堂	内科

陈文煜	胭脂巷四号	内科
窦中一	太平路马府街	内外科
陈嘉琦	下关十座庵五十五号刘寓转	内科
陈少甫	兴中门小学陈文鉴转	内外科
吴寄尘	建康路大世界间壁生茂商店后进	内妇科
张仁溥	殷高巷九号	内科
陆逵峤	中华门外大街周长春药号	内科
毕寿人	绫庄巷惜字会	内科
时斌儒	糖坊廊六十一号	内外科
武少卿	集庆路四十七号	内科
朱鸿年	磨盘街二号	内科
袁静夫	张府园八号	内科
招秩如	下关祥泰里十五号	内科
王有章	下关惠民桥南九十三号	内科
许懋龄	大石坝街	内外科
邵恺常	一枝园十号	内科
邓仲衡	新桥同庆药店	内科
汪荫甫	兴中门内于家巷底白果树后卅号	内妇科
陈朗月	汉西门外九十八号	外科
杭甫臣	下关美孚街裕安里十三号	外科
王春廷	仓巷九十七号	外儿妇科
张维新	湖北路二百七十五号	外科
胡瑞清	水西门外大街	外科
顾木君	中华路五八八号	外科
许慕如	太平路科巷口	外科
黄　励	户部街七十四号	儿科
柴云海	鸡鹅巷二二号	儿科
王幼甫	饮马巷口六号	儿科
张志和	建康路四百七十五号	妇科
潘铭新	丹凤街泰和堂	妇科
洪少山	贡院街一百四十四号	牙科
徐竞业	猫鱼市四号	针灸科①
马绍卿	评事街一〇九号	针灸科
杨百千	太平桥大影壁七十七号	针灸科

① 针灸科：原文误为“针炙科”，现改。

汪海仙	浦口天桥北协和堂药号	针灸科
任金臣	中华门外北山门三十号	针灸科
王序东	浦口天桥下长安里	针灸科
刘永昌	浦口天桥下东后河沿三十一号	针灸科
欧阳伯康	火瓦巷四十九号	针灸科
戴坤山	娃娃桥大观楼	按摩科
俞明孙	安品街普安会馆	喉科
俞福民	安品街普安会馆	喉科
应锡祺	户部街南方饭店	眼科
赵焕章	下关惠福里五号	眼科
吕涤白	承恩寺四十五号	眼科

（戊）西药房

南京全市所有西药房为数甚多，兹将曾向市府卫生事务所领有开业许可证，而现尚营业者，列表于后。

南京市西药房一览表

牌号	地点	牌号	地点
仁济药房	建康路一二四号	升平药房	建康路七七号
五洲药房	坊口街九号	生生药房	太平街
中兴药房	奇望街二一九号	生生药房分号	鱼市街四一号
中英药房	鱼市街一七号	保大药房	中华路五五号
同济药房	四象桥三四号	天德药房	门帘桥
华安药房	升州路二七号		

（己）中药铺

南京全市所有中药铺，市府于二十二年一月曾举行总调查一次，兹将调查结果列表于后。

南京市中药铺一览表

名称	营业地点	名称	营业地点
同德生	泰仓巷	程同生	北门桥
春　元	大影壁	大德生	三坊巷
陈泰和	丹凤街	伯合堂	浦口东后河沿三一号
张泰和寿记	中山路土街口	大生堂	浦口东后河沿十七号
张福昌	黑廊大街	协和堂	浦口天桥街四号
大　元	水西门	大龄生	邓府巷五四号
许永生	三眼井	仁寿堂	河街七号
李养其	膺福大街	李仁义药号	宝塔街二三号
元吉庆	汉西门外	同　和	和会街十一号
庆春和	太平路	天生堂	浦口小河南五〇号
永　康	丹凤街	中山药房	浦口小河南
同生福	笪桥市	泰　和	浦口大马路四一号
吉庆昌	洪武街	春　生	太平路十四号
老万全	大香炉	永年堂	扫帚巷一二二号
谢天生	北门桥	大生堂	雨花路七七号
马泰和	浦口大马路	太极堂	雨花路一二八号
恒春生	花牌楼	庆昌堂	石鼓路三一七号
益　寿	沐府西街	仙　芝	白下路六五号
存心泰	三牌楼三七号	春生福	五马路一五号
济生堂	浦口东后河沿七七号	天生寿	新街口一一号
田保元堂	浦口天桥街七号	同　春	鲜鱼巷八号
徐裕生堂	邓府巷五八号	瑞和堂	绥远路一八七七号
同庆昌	邓府巷一九号	延年春生记	中山东路
大年堂	河街一一七号	延寿堂	大彩霞街四三号
正心福	和会街七号	镇春和	桥西街七〇号
张寿春	和会街九五号	同康堂	白下路一九一号
致和堂	浦口小河南一号	福昌堂	建康路一七号
万　和	浦口大马路一一七号	天德堂	建康路一四一号
存心泰	太平路七号	顾同仁	西街九八号
泰　生	养虎巷二七号	生生堂	评事街一一四号
长生堂	雨花路二六号	德生堂	雨花路一五一号

名称	营业地点	名称	营业地点
松　寿	白下路五一号	耿德春	鼓楼
东茂如	太平路一二八号	程恒寿	北门桥鱼市街
同仁堂	白下路二〇号	万　元	英威街五〇号
万和祥	汉西门外一二〇号	普太和丸药	昇州路八九号
衍庆堂	鲜鱼巷一五号	永寿昌	建康路三九四号
膏黏除	鲜鱼巷六二号	春森堂	建康路五九六号
杏林春豫记	中山东路	人民国药社	中华路二九〇号
同庆堂	集庆路一二号	老黏除膏药	中华路三五一号
庆余堂	白下路四一六号	太和堂	中华路五三六号
泰和堂	建康路三六号	童恒春	长乐路一九六号
雪记堂	中华路一七一号	致中和堂	太平桥六四号
济寿堂	西街二八号	许人和	明瓦廊三八号
福兰堂	评事街一一号	天寿参	大香炉二三号
德泰永	昇州路三三二号	同仁堂	太平路六三号
庆　康	英威街三二号	怡　春	吉祥街
同仁医药所	大油坊巷四四号	陆仁寿	新廊街
裕升久眼药	昇州路八〇号	岭南药社	贡院街一一二号
老松山	建康路四二〇号	广仁堂	沙湾一九号
人和堂	建康路六〇八号	春和生	仓巷九号
高黏除膏药	中华路三一六号	余德堂	商埠街一五四号
老广和	东牌楼一四四号	家庭药社	商埠街一三八号
春和堂	长乐路一五〇号	宋寿堂	复兴街四号
三元堂	太平桥一九号	益寿堂	钓鱼台一三一号
仁寿堂	长乐路二五五号	德春堂	湖北路二二号
万全堂	大香炉五八号	德昌祥	商埠街一四〇号
恒同春	二廊庙五九号	瑞生堂	美孚街三八号
问心福	北门桥		

（庚）自来水

自来水关系公共卫生至巨，本市向无自来水之设备，市民饮料，率多取自外河，既不卫生，又感不便。洎刘纪文再长京市时，始于十八年八月，成立自来水筹备处，并发行特种建设公债三百万元，以二百万元为建设首都自来水之用，嗣复于十九年三月，正式成立自来水工程处，计划兴工，但因经费困难，以致再三迁延，工程濒于停顿，迨二十一年四月，中委石瑛继任市长后，鉴于市内人口日增，自来水之需要，实属刻不容缓，遂计划局部出水，以应急需，经一年之积极经营，始于二十二年四月，正式局部出水，自兹以后，南京市之给水问题，方告解决。自来水局部出水后，逐日由市工务局将水样送往内政部卫生署及全国经济委员会中央卫生设施实验处分别化验，其化验之结果如下表。

来源 水质	自来水	秦淮河水	东关头河水	市政府井水	中正街井水	中山桥头江水
游离錏	百万分中〇·〇三六分	六·七〇分	〇·一二四分	一〇·四〇分	〇·二九六分	〇·〇八四分
蛋白錏	〇·〇一二分	二·三六分	〇·四六〇分	〇·三六分	〇·〇二八分	〇·一二〇分
气化物	二·〇〇〇分	一〇八·〇〇分	九·五〇〇分	二七三·〇〇分	一〇四·五〇〇分	五·〇〇〇分
亚硝酸盐	无	〇·三〇分	〇·〇三〇分	〇·一五分	〇·〇〇九分	〇·〇二五分
硝酸盐	〇·二〇〇分	二·八〇分	〇·三〇〇分	八·〇〇分	〇·二〇〇分	〇·二四〇分
总固体	一〇三·〇〇〇分	六五四·〇〇分	五三一·〇〇分	一二九〇·〇〇分	四六〇·〇〇〇分	二八一·〇〇〇分
总硬度	七六·五〇〇分	一二七·八〇分	五〇·一〇〇分	三三四·〇〇分	三一一·四〇分	七八·八〇〇分

续表

来源 水质	自来水	秦淮河水	东关头河水	市政府井水	中正街井水	中山桥头江水
臭	无	草臭	无	微有泥臭	无	无
色	一·五〇	三三·〇〇	八·〇〇	三·〇〇	二·五〇	五·〇〇
铁	百万分中〇·五〇〇分	一·〇〇分	一二·五〇〇分	一二·〇〇分	一·〇〇分	八·〇〇〇分
每公撮中之细菌数	二九个	二三五〇〇个	一八〇〇〇个	四〇〇〇个	七五〇个	一一〇个
在〇·一公撮中大肠菌属	无存在	有存在	有存在	有存在	有存在	有存在
病源菌	无	检有革兰氏阴性杆菌	检有杆菌	检有杆菌	检有杆菌	检有杆菌
评注	清洁杂质甚少细菌最少适于饮用	腐败有机质甚多污秽细菌多有大肠菌不适饮用	不甚清洁含铁多细菌多有大肠菌不适饮用	至为不洁硬度及杂质含量甚大有大肠菌发见不适饮用	硬度亦大有大肠菌不甚适于饮用	杂质较多有多量泥沙致铁量甚大有大肠菌不适饮用

准上以观，自来水质实在南京市原有一切饮料之上，其裨益于南京市民之健康，殊非浅鲜。兹更将给水工程，列述如左：

A　现在给水工程水管经过地点

1. 水管由水厂经清凉门至清凉山蓄水池。

2. 清凉山经汉中路至兴中广场。

3. 兴中广场向东经逸仙桥至黄埔路。

4. 兴中广场向北经鼓楼铁道部至中山桥。

5. 下关永宁街至邓府巷。

6. 中山北路经中央党部前湖南路高楼门至十庙口。

7. 保泰街经成贤街、碑亭巷至中山东路。

8. 中正路、半边街经大仓园、国府路至上元路。

9. 太平路经朱雀路至贡院前街。

10. 兴中广场向南经中正路、白下路至太平路口。

11. 中华路全路。

B 现正准备埋设水管地点

1. 白下东路。

2. 下关商埠局街、大马路及江口马路。

3. 城南长乐路自中华路起至地方法院前。

4. 城南集庆路自中华路起至仓顶。

C 其他属于第一期管网中之水管

1. 建邺路。

2. 建康路。

3. 昇州路。

4. 凤游路,长干路。

5. 石鼓路。

6. 淮海路。

7. 朱雀路南段。

8. 评事街。

9. 斗鸡闸。

10. 柳叶街。

11. 三条巷。

12. 洪武路。

第九章　市救济事业

（甲）救济院

市立救济院，系由前普育堂、救生局、乞丐收容所及济良所合并改组而成，已有四年之历史，现内部组织，共有六所：（1）妇女教养所；（2）残老所；（3）育婴所；（4）游民习艺所；（5）孤儿所；（6）水上救护所。兹将各所最近状况，略述于下。

（一）妇女教养所，该所原分济良、贫妇、节妇三部分，现混合称为妇女教养总所，第一分所及第二分所，并另设所生班授以工艺，教之识字，该班原设有缝纫、织袜、毛巾、理发、络丝五种工艺，本年市府并拨款添设制鞋、手工二种，但所生班所收容之妇女，大多数系青年堕落妇女或因家庭及婚姻纠葛，由法院转送入院者，依照院章，此类妇女，经教养六个月后，即应择配，但因婚姻纠葛由法院转送入院者，每以纠葛未能解决，期满后仍不能立时择配，以致影响其他愿入院者不能入院，现该院为补救起见，对于婚姻纠葛未解决者，拟一概不予收容。

（二）残老所，该所系就原有之残废所及养老所合并而成，每月每口发给柴米盐菜钱，令其各自炊爨，现该所共收容残老六百余人，请求依次递补者，尚有四五百人。

（三）育婴所，即以前之育婴堂，该所所收容之婴孩，大都均系被遗弃者，或穷户送所留养者。所内哺养婴孩，乳粉与人乳兼用,并另设护士练习生,以资看护。乳妈先由佣工介绍所送所检定,合格后,始准入所工作,乳妈分内带、外带、干带三种,外带制度,原为所内房屋有限,不能完全容纳,故将婴孩由乳妈领出,在外哺养,所以常有流弊发生,该院为整顿起见,爰令将小孩尽量领回所内哺养。关于请领所内婴孩抚为子女者,必取具妥保,由所报院,经过精密调查后始行核准。且均有详细登记,随时可资查考。关于所内婴孩之死亡率,十九年为百分之七十余,二十年为百分之六十七八,二十一年为百分之六十一二,二十二年上半年为百分之三十余,死亡率之逐年减低,未始非该院改良设备之效果。

(四)游民习艺所,设在笆斗山,城内设有办事处,以前所内全无地板,以致潮湿不堪,极不卫生,去年市府特拨款设置铺板,并制就棉衣六百套,棉被三百五十床,本年该所更向军需署领得单衣服一万余套,所内游民之衣住问题予以解决。至于所内所设工艺、原有园艺、芦席、草鞋、布骨、石印、铅印、木刻七种,本年市府为求扩充起见,特拨款添设烧窑、木工、制伞三种,迫令各游民学习,期养成其独立谋生能力,免永为社会消耗份子。

(五)孤儿所,以前院内素无孤儿专所之设立,至最近始告成立,现各所留养人所带之儿童,均一律收容在孤儿所内,唯于残废之人,仍准带一儿童,以资扶助。

(六)水上救护所,该所原名金陵救生局,成立于逊清嘉庆年间,洪杨兵燹后,江宁知府涂升经营规复,交由地方士绅主管,地址初在城内信府河,继复迁至下关老江口,民国十六年,收归市辖，十八年秋划入救济院，计有烈山、犊儿矶、大胜关、笆斗山、周家山、三港口分所六处，有救生红船十二艘，巡船二艘，巡划、飞划各一艘，专司保护长江水面失事船只及捞收水面浮尸事务。

综计该院全部经费每年约需十四万元，临时费尚不在内，该院历年收容人数，十九年度为一九四二人，二十年度为二一七三人，二十一年度为二四一六人，二十二年上半年为二四七〇人，大有与日俱增之势，而过去限于经费房屋，无法扩充，现市府拟于可能范围内，尽量增加该院经费，并已勘定南门外雨花台附近基地数百亩拟另建院址。

（乙）旗民给养

本市贫苦旗民，向由市府出资给养，是项给养，共分四种：（一）养济给养；（二）二分米折给养；（三）学生给养；（四）艺徒给养。养济给养额定二百五十名，其中月给银四元二角者四十名，月给银三元九角者二百十名。二分米折给养额定一千七百名，十六岁以上者月给银六角，十六岁以下者月给银三角。学生给养额定三百三十九名，其中月给银一元二角者三百零七名，月给银六角者三十二名。艺徒给养额定一百九十二名，其中月给银二元四角者一百四十六名，月给银六角者三十二名，月给银五元四角者六名，月给银一元二角者六名，月给银四元二角者一名，月给银一元者一名。旗民具领给养，每人同时以一种给养为限。其请领养济给养者，须年在五十岁以上，贫苦无依，无不良嗜好，住居南京市区域以内。其请领二分半折给养者，须年在七岁以上，实在贫苦，无不良嗜好，住居南京市区域以内。以上四种给养，每月约需二千八百余元，此外每届冬令，例有冬赈，约需一千二百元，春季更有春赈，约需一千四百元，遇有死亡，并发给例材费每名三元，又每月发给医药费约需百元左右。综计市府对于救济贫苦旗民，每年所费，约需三万余元。

（丙）贫民贷款

南京非工商业中心，公营企业，既不多见，私立工厂，亦属寥寥，在昔南京缎业，尚称发达，恃以为生者，有十万余人，今则受外货之排挤，日趋衰落，失业者因此日众，加之近年农村经济，濒于破产，百业凋敝，贫苦无告之人民，愈形激增，此种失业贫民，既受经济压迫，又乏其他技能，以致生活益艰，困顿日甚，实为本市之隐患，市府有鉴于斯，爰拟自经济方面，予以扶持，特设贫民贷款所，以资救济，俾得藉公家资助，作小本经营。该所基金，市府暂定为一万元，凡本市贫民，无资谋生者，均可向该所无利贷款，自营生计。唯贷款人以粗识文字为原则，如吸食鸦片，冶游赌博，及未成年者，概不借贷。每人贷款自一元起，至五元止，每次贷款还本以十星期为限，每两星期为一期，每期归还本银五分之一，贷本还清时，可继续再借，贷款人如以贷本作不生产之用途，该所除追还其贷款外，并予以相当处罚，以资惩戒。该所自二十二年二月成立起，至七月底止，共有二百八十贫户请求贷款，总计贷出一千四百九十七元。又市府以本年自入夏以来，江水高涨，低处园户，被灾甚烈，特举办救济水灾园户临时贷款。贷款额分两种，甲种十五元，乙种十元，还期亦分两种，甲种分四期，至二十二年二月一日还清，乙种分三期，至二十二年一月一日还清，利息一概免除。

第十章 农工商业

(甲) 著名出产

南京位于长江下游,土壤肥沃,物产丰富,兹举其较著之土产,分类略述于次:

(一) 农业品

(1) **米** 产于东乡一带者名为团颗,味香,质厚。产于南乡一带者,名为黑稻,质地香肥。

(2) **果** 孝陵卫一带所产之西瓜,俗呼曰马铃瓜,以其形如马铃故也。皮薄,味甘,富于水分,为夏季消暑佳品。尧化门之枣,鲜者名瑶枣,晒干后,即为红枣。沙洲圩之菱藕,产量极丰,为该处农民大宗收获。玄武湖之樱桃,每当暮春,满树殷红,绚烂可爱,味特甘美。和平门外崖山十二洞之石榴,子大味甘,亦为南京名产。

(二) 工业品

(1) **玄缎** 南京工业,以缎业为大宗,十余年前,机户达数万家之多。所用丝经原料,恒以秦淮河西流之水染漂,其色黑而有光,虽朽坏不变,故过去曾风行全国,驰名世界,唯以业是者墨守成规,不知改良,迄今受舶来品之排挤,销路一落千丈,现有机户,不及昔年二十分之一。

(2) **云锦** 云锦亦系缎业之一,以丝经染色织成山水人物翎毛花卉，色泽雅致，用以装饰庭室，最为适宜，现在尚能行销国外。

(3) **宁绸** 宁绸系以全丝织成，质坚耐用，唯现受外货之排挤，产量大减。

(4) **扇业** 雕刻扇骨，亦系南京著名手工艺之一，惜乎今日已呈衰落之象。

(三) 食品制造业

(1) **板鸭** 南京油板鸭，脍炙人口，行销外埠甚多，所制之品，肥嫩鲜香，尤以仲秋八月，俗名桂花鸭子(即盐水鸭)为最，盖当农家秋收之后，鸭食田中余稻，较平时尤为肥硕。

(2) **油鸡** 系以童子鸡制成，味鲜嫩，与南京之板鸭，同享盛名。

(3) **腊肚香肠** 腊肚香肠之类，经久不腐而又便于携带，味美，为佐餐妙品。

(4) **酿酒** 通济门外，有酿酒厂一家，所产以烧酒居多，水西门外，亦有小规模之家庭酿酒业，唯多系米酒耳。

(四) 其他出产品

其他如紫金山之太子参、云雾茶叶、百合，栖霞山之银杏；雨花台之石子；门西双塘之苋菜、瓢儿菜，高桥门之萝葡；皇城乡之大头菜；坊间所制之松子糕、贴炉面筋等，均为南京著名之出产。

(乙) 工厂及作坊

南京市各业工厂，据社会局举办之工厂登记，截至二十二年六月底止，共有工厂一二二家，资本总数为五七六八五七八元，兹将各厂名称，地址，负责人姓名等项，按业分别胪述于后：

(一) 印刷业 计三十家，资本共有四四五〇五〇元，大都系民国十六年以后所开设，民十六年以前开设者，仅有四家。

名称	负责人姓名	地址
中央党部印刷所	董巽观	中央党部后童家巷
华丰印铸字所	吴顺钧	洪武路
仁德印刷所	陆子冬	常府街
南京印刷公司	王公弢	成贤街
大陆印书馆	叶开鑫	国府路
美丰祥印书馆	徐守箴	国府路
东南印刷所	黄石秋	洪武路
京华印书馆	王毓英	新街口
华东印书局	林仲华	二郎庙
三民印书馆	薛士堪	国府西街
首都国民印务公司	徐恩曾	宗老爷巷
金陵印刷公司	陈尔昌	黄泥冈
文心印刷社	凌石泉	八条巷
大东印书馆	顾小园	丰富路
劳逸印务装订公司	周锡光	丹凤街
美吉印刷社	孙桂堂	四牌楼
中国印刷厂	郭振华	朝天宫
三五印刷所	赵振铎	许家巷
明明印刷局	但齐先	估衣廊
国华印刷馆	陆克刚	中山路
建新印刷所	张道明	糖坊桥
美昌笺纸印刷礼品号	陈献廷	太平路
新华印书馆	朱大德	晒厂
彩霞纸店印刷作坊	李纯龙	金沙井
文华印务局	夏颂尧	太平路
促文印刷所	高子良	昇平桥
南京印书馆	容　毅	昇平桥
戊辰印刷所	于振寰	贡院西街

沪宁印刷公所	姚伯南	评事街
亚东印刷社	田湘藩	羊皮巷十二号
成章印书馆	胡大刚	中正路二八〇号

（二）机米业　计三十九家，资本共有一一一六〇〇二元。

名称	负责人姓名	地址
联益机米厂	葛易坤	中华门外
庚新机米厂	邓寿齐	同　上
永丰机米厂	戴子平	同　上
天盛机米厂	王道源	同　上
华丰机米厂	张孝全	同　上
隆和机米厂	周延芝	同　上
信昌机米厂	胡明森	同　上
义丰祥机米厂	艾宗发	同　上
协泰机米厂	金钰功	同　上
兆昌机米厂	金秀松	同　上
振兴机米厂	郭发科	同　上
协和机米厂	裴干臣	同　上
涌牲和机米厂	蓝存奎	汉西门外
庆和机米厂	施玉庭	通济门外
高荣昌机米厂	高治中	同　上
高锦元机米厂	高淦泉	同　上
金厚丰机米厂	金抡元	中华门外
福泰机米厂	李达夫	通济门外
楚豫机米厂	赵慕禹	同　上
衡余机米厂	徐锡光	中华门外
福来机米厂	周滨臣	同　上
黄复昌机米厂	黄月轩	同　上
公记机米厂	陈向林	下关虹霁桥
嘉禾机米厂	沈裕民	下关凤仪里
润昌祥机米厂	吴介丞	下关米市街
裕和机米厂	沈善伯	下关和沿街
德和机米厂	唐鉴庭	下关凤仪里
泰昌机米厂	达少洲	下关米市街

永泰机米厂	邱敏斋	通济门外九龙桥
乾泰盛机米厂	杭凌泉	三汊河
振昌机米厂	慕周尧	三汊河
天福机米厂	李少泉	下关惠民桥
震丰机米厂	梁河清	中华门外
周锦记机米厂	周长生	同　上
泰和机米厂	王仰斌	同　上
同和机米厂	和鉴之	同　上
杜天机米厂	杜侃之	同　上
聚昌机米厂	马晓六	同　上
丰余机米厂	谢静伯	同　上

（三）机械制造业　计十六家，资本共有四九六〇〇元。

名称	负责人姓名	地址
中兴机器厂	山营昌	黑廊街
杨永兴机器厂	杨珊茂	太平路
华成机器厂	沈泰康	高家酒馆
和平轩铜铁机器翻砂厂	平宝善	挹江门内
邦华电机厂	陈云山	下关兴中门外
公昌机器厂	褚才根	糖坊廊
胜昌机器厂	徐炳余	下关大马路
信谊机器厂	姚公卿	新街口
同裕机器厂	朱久祥	同　上
同泰机器厂	钱顺金	太平路
边隆丰机器厂	边凤祥	同　上
边隆丰机器厂	边凤仪	姚家巷
永泰机器厂	钱月泉	盐仓桥
永兴机器厂	杨培清	下关永宁街
森泰机器厂	孙裕林	韩家巷
协昌机器厂	顾宝珊	下关兴中门外

（四）面粉业　计有三家，资本凡一四二〇〇〇〇元，内二有家系在民国十六年以后创设者，打粉机共有一百余架，此外尚有清麦机等为京市规模较大之工厂。

名称	负责人姓名	地址
大同面粉公司	卞筱卿	三汊河
扬子面粉公司	黄尧衢	三汊河
太昌面粉厂	高右铭	通济门外

（五）电气业　共有二家，资本计三四一九八二八元，为本京工厂中资本最雄厚者。

名称	负责人姓名	地址
首都电灯厂	潘铭新	西华门
浦口电气厂	翁　为	浦口津浦路

（六）烛皂业　计四家，资本计一万元。

名称	负责人姓名	地址
和茂新肥皂厂	陈颂南	张家衙
同茂肥皂厂	李钰棠	中华路
华兴肥皂厂	王锡三	虹桥
大中华皂烛厂	钱贯之	马道街

（七）饮食品制造业　计四家，资本共有一二〇〇〇〇元。

名称	负责人姓名	地址
济丰酒厂	高右铭	光华西街
华丰裕酒厂	宋秉甫	通济门外
鼓楼机器冰厂	应杨萃莲	傅厚岗
九龙机器冰厂	金宝三	通济门外七里桥

（八）纺织业　计五家，资本共有三三〇〇〇元，均以木机制造，出品有绸缎棉线布等。

名称	负责人姓名	地址
立成绸厂	陈光瀚	船板巷
杨春记织锦缎厂	杨柳堂	止马营
张象发锦缎制造厂	张象发	天主堂街

织布工厂	林祖裕	黑簪巷
民生工厂	刘亦儒	钓鱼台

(九)水泥砖瓦制造业 计七家,资本共有一二四〇〇〇元。

名称	负责人姓名	地址
新建砖瓦窑厂	李仲华	和平门外
谈海瓦筒厂	朱维山	鼓楼
新利源洋瓦厂	姚克钧	楼子巷
大兴洋灰瓦厂	王锦章	三牌楼
征业机器洋瓦厂	朱芝萱	沈举人巷
通华洋灰砖瓦厂	顾金寿	通济门外
协义记水泥磁器瓦筒厂	黄志廉	同　上

(十)铁器制造业 计五家,资本共有二〇二〇〇元。

名称	负责人姓名	地址
和平铁工厂	曾素九	虹桥
新福记铁工厂	沈忠福	糖坊桥
同兴昌铁锅厂	葛清泉	下关商埠街
金盛永造锅厂	颜境彬	下关公共路
张乾亨锅厂	张竞平	汉西门外凤凰街

(十一)电镀电刻业 计四家,资本共有四八〇〇元。

名称	负责人姓名	地址
振新电镀厂	钱三大	牛首巷
真如电刻工厂	崔锦帆	户部街
美化金工厂	钟道錩	门西小门口
丽华制版所	王高诠	新街口

(十二)其他工业 计煤球业一家,电池业一家,凿井业一家,资本凡一〇八〇〇元。

名称	负责人姓名	地址
利民煤球厂	沈兆快	汉西门外凤凰街
新昌机器凿井厂	沈起荣	杨公井
耀华电池分厂	王植夫	评事街一九〇号

（丙）银行及钱庄

（一）银行

南京各银行，多系上海分行，其资本及金融流转，俱由总行应付，据调查所得，为数凡三十五（包括支行及办事处在内），其营业种类，微有区别，如中央银行、中国银行、交通银行除办理存款、放款及国内外汇兑外，更兼理国库，及发行纸币，江苏银行则除存放汇兑之外，又兼理省库。其余如上海银行、中南银行等，均属商业银行，并兼营储蓄。中南银行、四明银行、中国通商银行等，亦经财部特许，发行纸币。至万国储蓄会及中法储蓄会，纯属有奖储蓄机关，除押款外，不营其他银行业务。各行利息，分活期、定期数种，存款由三四厘至七八厘不等，放款自一分至一分二三厘不等，又市政府设有市民银行兼理市金库。本市各银行，已于二十二年七月间，组织银行业同业公会，主持人为吴震修、江禅山、吴苍岩、章叔淳、丁问樵等，会址在白下路中南银行三楼内。兹将本市各银行名称地址电话号码及经理人姓名附录于后：

名称	地址	电话号码	经理人姓名
中央银行	奇望街	二三八二五	李嘉隆
中央银行	下关邓府巷	四一〇〇三	李嘉隆
中国银行	大行宫	二三七五〇	吴震修
中国银行	珠宝廊	二二六三八	吴震修
中国银行	薛家巷	三一九九二	吴震修
中国银行	下关江口	四一六三五	吴震修

交通银行	白下路	二一八四二	江禅山
交通银行	新街口	二一七〇七	江禅山
金城银行	白下路	二二七一七	李祖基
盐业银行	白下路	二三三四二	陈蔗青
交通银行	下关大马路	四一一六一	江禅山
上海商业储蓄银行	奇望街	二二九六九	李桐村
上海商业储蓄银行	大行宫	二二三八三	李桐村
上海商业储蓄银行	北门桥	三一五六七	李桐村
上海商业储蓄银行	下关鲜鱼巷	四一〇三五	李桐村
上海商业储蓄银行	中华路	二二九八九	李桐村
国华银行	昇平桥	二三三三二	王伯衡
国华银行	鼓楼中山路口	三一五四九	王伯衡
中国国货银行	新街口	二二六一七	罗讷斋
中国国货银行	行口街	二三一〇一	罗讷斋
中南银行	太平路	二一六四三	章叔淳
大陆银行	四象桥	二一八八〇	程锡庚
大陆银行	北门桥鱼市大街	三一五八三	程锡庚
江苏银行	奇望街	二一三三九	顾伯言
江苏银行	下关惠民桥西	四一九〇三	顾伯言
中国垦业银行	土街口	二三四六八	董占春
四明银行	杨公井	二二〇三五	丁问樵
中国农工银行	白下路	二一一二四	萧缉亭
中国实业银行	白下路	二二四八四	陈超衡
浙江兴业银行	白下路	二二四五八	杨荫溥
浙江兴业银行	唱经楼	三一二六九	杨荫溥
中国通商银行	新街口	二二二四二	贺荇舫
江苏省农民银行	户部街	二一一二二	夏绂麟
南京市民银行	昇州路	二三五七一	傅　麟
聚兴城银行	新街口	二二九〇九	蒋望平

（二）钱庄

京市大小钱庄，共计三十三家，营业种类，虽微有不同，然类皆以存放、兑换、押汇诸端为范围，其利息多与银行相似，兹将其名称、地址、电话及经理人姓名录后：

名称	地址	电话号码	经理人姓名
庚源	建康路	二三七二四	冯镜湖
通和	昇州路	二一六一二	蒋卓丞
仁泰昌记	李府巷	二一七七八	朱少泉
谦益	昇州路	二三八八〇	朱晋良
震丰	洋珠巷	二三三六三	尤子宾
福康	李府巷	二三九二八	许铸江
勤康顺记	油市大街	二三七二〇	刘茂如
益大	油市大街	二二七〇三	杨子彬
德余	长乐路	二三四〇二	萧丙生
荣和	评事街	二一八三〇	马俊如
厚康	沙湾	二三九六五	游竹荪
通裕隆记	昇州路		刘恕臣
同兴甡	鱼市街	二一二四二	曹禄纲
怡康	油市大街	二三四一四	刘澹如
长和	昇州路	二一〇九〇	李汉卿
庆丰	水西门外大街		陶欣甫
洪大	白下路		陶均泉
天盛	昇州路		陈子晋
慎康	丝市口		许云樵
同和	马巷	二三四九五	郭子恒
裕丰	中华路	二二一五一	姜竹贤
祥丰	中华路	一一七七七	冯锡五
聚源	马巷	二一九六二	李子芬
泰祥	昇州路	二一二七〇	翟道生
沈成元	评事街	二二四四八	沈宝享
恒康	下关鲜鱼巷	四一〇六三	吴竹吾
鼎升	中华路		王顺甫
信余	建康路	二一九六九	夏信余
怡丰	下关鲜鱼巷	四一二一五	袁杰人
森源	下关北安里	四一四五八	刘汉章
镇泰	下关邓府巷	四一五七五	江志斋
鼎元	下关三马路		王翰臣
慎康	下关邓府巷		倪文伯

（丁）旅馆及菜馆

（一）旅馆

京市旅馆林立，散布各处，尤以下关及城南之状元境、白下路一带为特多，房间有大有小，价目亦有高有低，平均最低，每日四五角，最高三四元，普通均在八角至一元五角之间，其特别昂贵者，若中央饭店、安乐酒店等，最大之房间，有达三四十元者，即最小房间亦需一二元。兹将各旅馆之名称、地址、电话号码列后：

名称	地址	电话号码
中央饭店	国府东街	二一一一一
安乐酒店	太平路	二三五八〇
大中华旅馆	邓府巷	二三六四〇
大中旅馆	大中桥太平里	二三二四八
大东旅馆	下关大马路	四一九〇五
大观楼旅馆	娃娃桥	二二二四九
大华饭店	花牌楼	二三二九〇
惠来旅馆	状元境	二二五九八
湘宁旅馆	卢妃巷	二三〇二四
福来旅馆	状元境	二二〇三〇
荣鑫旅馆	下关大马路	四一五二四
华安旅馆	大行宫	二三七四〇
国民旅馆	胪政牌楼	二二三一七
三益旅馆	下关盐仓桥	四一七〇〇
上海旅馆	下关二马路	四一〇八〇
南洋旅馆	状元境	二三一一〇
吉升旅馆	顾楼街	二三六八三
兴华旅馆	鼓楼	三一七〇八

瀛洲旅馆	下关江口	四一五一五
宁台旅馆	白下路	二一二七四
宁中旅馆	白下路	二三八六三
天兴旅馆	下关火车站	四一五〇五
交通旅馆	白下路	二二二七五
花园饭店	下关江口	四一五四五
东南饭店	下关二马路	四一一九六
兴源旅馆	洪武街	三一三〇七
华洋旅馆	大行宫	二三七九五
东方饭店	延龄巷	二三六九五
中西旅馆	京沪车站	四一三八五
中华旅馆	下关大马路	四一六六二
中西旅馆	西井巷	二三一三〇
文明旅馆	四象桥	二二六二〇
孟渊旅馆	中正街	二一四二四
共和旅馆	邓府巷	四一七一〇
片云旅馆	旧王府	二三一八九
名利旅馆	二廊庙	二一四八〇
东来旅馆	状元境	二二九一〇
温泉旅馆	淮清桥	二二四七四
萃华旅馆	大马路	四一八四五
聚亿旅馆	益仁巷	二二四一〇
佛照楼	北安里	四一三九五
鼓楼饭店	黄泥岗	三一二〇八
三新旅馆	三道高井	二一八四八
丹凤旅馆	丹凤街	三一八八三
恒来旅馆	白下路	三一八八九
中华旅馆	下关大马路	四一六六二
泰来旅馆	白下路	二一〇八九
泰山旅馆	国府路	二三九四五
民生旅馆	丁家桥	三一九一七
迎宾旅馆	头道高井	二一六三八
秦淮旅馆	贡院街	二一二七二
品正旅馆	北安里	四一七九二

南京旅馆	四象桥	二三六七〇
南洋第一宾馆旅馆	北安里	四一六四五
扬子江饭店	下关中山桥	四一八八七
远东旅馆	胪政牌楼	二三二三〇
万全旅馆	奇望街	二二六五〇
万全楼旅馆	二马路	四一五二九
凤仪旅馆	马府街	二三五四九
洪武旅馆	洪武街	三一七八四
鹿鸣旅馆	南捕厅	二一二四九
都安旅馆	户部街	二一六九四
南方饭店	户部街	二二四九四
宝来旅馆	下关惠龙里	四一九一六
石城大旅社	大香炉	二二九二四
石城旅社	下关二马路	四一九八〇
西成大旅社	昇平桥	二二〇八九
钟山大旅社	新街口	二二三四九
和平大旅社	邀贵井	二一九九〇
东亚大旅社	下关江口	四一八〇五
通商协记大旅社	下关二马路	四一〇四〇
大安旅社	太平街	二三三七〇
行安旅社	石板桥	二三四八〇
江南旅社	奇望街	二二七八八
天华旅社	大行宫	二一四二五
长发旅馆	下关大马路	四一二三五
惠东旅社	常府街	二二六四九
凤仪旅馆	马府街	二三五四九
凤来旅馆	鼓楼	三一六九三
大新饭店	慧圆街	三二六二五
钟山旅馆	下关二马路	四一九一五
大成旅馆	白下路	二三二三九
大东旅社	常府街	二二二二四
大治楼旅社	下关江口	四一八三五
大新旅社	下关江口	四一九八五
惠龙饭店	下关	四一六八七

新亚旅社	国府路	二三一二四
新华旅社	北安里	四一一三九
秣陵饭店	慧圆街	二二六六四
华东旅社	淮清桥	二三三八三
交通旅社	下关二马路	四一九三五
京华旅社	河沿街	四一五〇〇
大通旅社	状元境	二二二九〇
新南京饭店	中正街	二三三五〇
新大同旅社	钞库街	二一七四九
湘大旅社	黄家塘	二三九二五
连升栈	评事街	二三一九〇
天福栈	下关三马路	四一八八五
长安栈	益仁巷	二二八六〇
悦宾楼	下关惠民桥	四一六五六
集贤栈	状元境	二二三七五
聚英商栈	绫庄巷	二一三一四
南洋旅馆	四象桥	二二三八九
新都旅社	大石桥	三一〇一八
城中饭店	估衣廊	二二七一〇
永安旅社	大香炉	二三四七一
中国大旅社	薛家巷	三一五九三
明星旅社	五马街	二一七三九
金陵大旅社	下关大马路	四一〇九五
铁路饭店	江边	四一六五五
大安栈	下关二马路	四一八四二
老泰安栈	状元境	二三〇二五
大同公寓	胪政牌楼	二二一八〇
皖商公寓	评事街	二二六八〇
江苏旅馆	中正街	二三二四四

（二）菜馆

南京酒菜馆，以城内夫子庙及下关一带为最多，其所售者有中餐、西餐之分，中菜中有粤菜、川菜、湘菜、平菜、津菜、徽菜、苏菜、浙菜之别，其中以售卖徽菜、苏菜、浙菜者占最多数，中菜筵席，每桌自八元起至百元止不等，普通约在十二元至十六元之谱，西餐每客自五角起至五元止，普通约在一元五角左右，唯杂用颇巨，烟酒小账等所费，往往占筵席正价十分之七八，至经济便饭，则每餐每客二三角足矣，兹将酒菜馆之规模较大者录后：

名称	地址	电话号码
六华春菜馆	贡院东街	二三六一三
金陵春菜馆	贡院东街	二一七三〇
广州酒家	松涛巷	二一三六九
世界大饭店	太平路	二二五八二
一枝香菜馆	下关二马路	四一二五〇
大中华楼	北门桥	三一五一八
松鹤楼菜馆	利涉桥	二三二三一
浙江酒菜馆	贡院西街	二一四九二
五味斋菜馆	下关三马路	四一七一七
中央饭店	国府东街	二一一一一
安乐酒店	太平路	二三五八〇
青年会食堂	中华路	二三三〇七
老万全酒菜馆	府东街	二二四三〇
万全菜馆	利涉桥	二一二九〇
益州川菜社	土街口	二二〇四六
嘉宾楼菜馆	奇望街	二二〇七九
首都菜社	贡院东街	二一三五四
源昌办馆	下关江口	四一八五一
四五六菜馆	贡院西街	二二七九六
四五六西号	龙门街	二三三一六
聚庆楼菜馆	府东街	二三八四九
老万盛园菜馆	夫子庙	
撷英西菜社	新街口	二三〇九六
觉林蔬食部	淮清桥	二三九一一
福庆楼菜馆	下关二马路	四一五四九

第一春菜馆	贡院街	二二五七四
雅意楼菜馆	下关二马路	四一四九三
直鲁豫西菜馆	新街口	二二三九二
四川民众食堂	黄泥岗	三一七五七
新华园	明远街	二一二五五
万国春番菜馆	下关江口	四一六八一
小乐意菜馆	贡院西街	二二六九〇
同源茂菜馆	下关惠民桥	四一一三八
维新楼菜馆	胪政牌楼	二二二五六
都益处川菜馆	贡院街	二二四一九
浣花川菜馆	刘军师桥	二三三五六
环球酒店	太平路	二三五七〇
粤南公司	贡院东街	二二八五四
老宝新菜馆	桃叶渡	二一三二五
太白酒家	贡院东街	二一五七八
广东酒家	大行宫	二三六〇七
杏花村酒菜馆	贡院西街	二二〇八五

（戊）浴堂及理发店

（一）浴堂

本市浴堂城内外共计九十二家，其分配情形如下：城内共七十一家，下关十四家、浦口三家、上新河二家、三汊河一家、孝陵卫一家，资本大者九万元，小者四五千元不等。

各浴堂内部多分盆浴与池浴二种，其价目自铜元十枚至小洋六角不等，盖视浴堂之座位设备优劣而定，浴堂有中西两种形式，中式恒较西式为廉，浴业劳资双方，有同业公会及职业工会之组织。

近数年来，市内有女浴堂之创设唯均附设于大旅社内，如安乐酒店、中央饭店等均有之。

兹将本市浴堂名称地址及电话号码择要列表如左：

名称	地址	电话号码
又新池浴堂	北门桥堂子巷	三一五一七
三山泉浴堂	水西门外大街	二二一四一
三鑫园浴堂	吉祥街	二二四四九
大观园盆浴堂	下关北安里	四一八九七
中央大观园盆浴堂	一枝园	二二一四四
天乐池盆浴堂	吉祥街	二一六七四
天然池盆浴堂	天寿里	四一四三八
东园盆浴堂	承恩寺	二三三七四
钟山泉浴堂	小门口	四一九三〇
明园盆浴堂	唱经楼西街55	三一〇八八
洁园盆浴堂	姚家巷	二三二七四
又新池浴堂	程善坊	二二五〇五
三新池	三山街	二三二四九
大新池浴堂	使署口	二二二八〇
中华池浴堂	国府西街	二一六四六
天龙池	下关北安里	四一八五五
天民池盆浴堂	土街口	二二三六九
玉石池盆浴堂	胪政牌楼	二二一四九
嵩江泉浴堂	顾楼街41	二一七一五
汉新园浴堂	大板巷	二三四七〇
奇园汽水浴堂	邓府巷	四一二八九
临园盆浴堂	太平街	二二一〇二
龙园浴堂	邓府巷	四一四四五
复兴池	沙湾	二一五八〇
清溪池	大功坊	二二四七七
凤来池	评事街	二二七一五
新新池	慧圆街	二二八五七
铭新浴堂	昇平桥	二二三九〇
华新池盆浴堂	府东街	二一三九七
德新池浴堂	和会街	四一一八〇
清乐池汽水盆浴堂	汉西门内	二三〇一五

秦淮池浴堂	利涉桥	二二四四四
新华池浴堂	商埠街	四一〇九六
新新园浴堂	同仁街	三一〇四四
铭轩盆堂	颜料坊	二三一二五
日新池	惠民桥	四一七五二

（二）理发店

南京理发，可分上、中、下三等，下等者为赶市场之剃头担，街头巷尾，一担横陈，顾客就担修剃纯系老式剃头业。中等者为剃头店铺，略有陈设，可剃可剪，较剃头担进步。上等者为最新式之理发店，装饰华丽，设备周全。

南京理发业有习惯行规二条：(1)挑担营业者须隔理发店前后左右五号门牌；(2)新开理发店须隔旧店前后左右十二号门牌。

理发业亦有同业公会之组织，理发价目，普通分为三种：（一）二角；（二）三角；（三）四角。唯烫发则自数角至数元不等。兹将理发店之属于上等者列表如左：

店名	地址	电话号码
中央饭店理发部	大行宫	二一一一一
白美贵理发馆	大行宫 250	二三八一三
唯一理发所	干河沿司法行政部对门	三一九九四
人人理发店	贡院西街	二三五二三
汉志记理发馆	兴中门外	四一三五四
一乐也理发馆	太平路	二二六五五
紫罗兰理发馆	朱雀路	二二八八六
摩登理发馆	贡院西街	二三七二九

（己）公共娱乐场所

南京公共娱乐场所，大别之可分平剧、电影、茶社（南京社会上一般习惯以品茗为一种娱乐）、大鼓书、游艺场、道情戏六种，有时各电影院亦兼演平剧或歌舞，唯为时甚暂耳，兹将各种娱乐场所分别列表于后：

（一）平剧院

名称	票价	地址	电话号码
大世界美化戏院	票价视所聘艺员之优劣随时变更	奇望街	二三七一三
民业公司京剧场	同上	科巷	二一〇三三
下关京都大戏院	同上	下关商埠街	四一五七二

（二）电影院

名称	票价	地址	电话号码
国民大戏院	自三角至六角	杨公井	二二五七八
世界大戏院	自三角至四角	新街口	二二三二二
首都大戏院	自三角至五角	贡院街	二二二〇七
南京大戏院	自二角至三角	新姚家巷	二一九六〇
明星大戏院	自二角至三角	朱雀路	二二八三二
京华大戏院	自二角至三角	蔡家花园	二二二八一

（三）茶社

名称	茶价	地址
新奇芳阁	小洋四分至六分	贡院街
六朝居	小洋四分至六分	贡院街
大禄	小洋一角	贡院街
奎光阁	小洋四分至六分	贡院街
雪园	小洋六分	龙门街
民众茶园	小洋四分至六分	贡院街
天韵楼	小洋四角	贡院街
文鸾阁	同上	龙门街
天香阁	小洋二角	贡院街
麟凤阁	小洋四角	同上
群乐	小洋二角	龙门街

全安	小洋二角	贡院街
市隐园	小洋一角	贡院街
荟芳	小洋三角	下关大马路
飞龙阁	小洋二角半	贡院西街
月宫	同上	贡院街

（四）大鼓书场

名称	茶价	地址
鸣凤	小洋四角	龙门街
奎光阁	小洋四角	贡院街
又世界	小洋四角	贡院街

（五）游艺场

名称	票价	地址	电话号码
城中大世界	门票二角	奇望街	二三七一三
民业公司	门票二角	科巷	二一〇三三

（六）道情戏院

名称	票价	地址
中央戏院	自一角至二角	市府路
金陵大戏院	自一角至二角	新姚家巷

第十一章　各机关社团地址

南京自建都以来，机关林立，社团日增，不胜枚举，兹将各重要机关社团名称及地址，分别列表于后。

（甲）中央机关

名称	地址
中央党部	丁家桥
中央党部华侨招待所	大方巷
国民政府	国府路
文官处	国府内
参军处	国府内
主计处	国府内
行政院	国府东花园
立法院	侯府
司法院	薛家巷口
监察院	复成桥
考试院	武庙
军事委员会	老教育团
军事参议院	西八府塘
国防设计委员会	三元巷
内政部	道署街
卫生署	黄埔路
外交部	狮子桥
国际劳工局中国分局	大仓园荷花塘
财政部	铁汤池
关务署	蔡家花园
盐务署	铁汤池
交通部	慈悲社

铁道部	萨家湾
实业部	大仓园
司法行政部	薛家巷
教育部	成贤街
国立编译馆	山西路
中央研究院	成贤街
军政部	三牌楼
陆军署	三牌楼
军需署	铜井巷
兵工署	杨将军巷
航空署	太平巷
海军部	挹江门
参谋本部	国府路
训练总监部	李相府
宪兵司令部	道署街
审计部	白下路
铨叙部	武庙
考选委员会	武庙
赈务委员会	珠宝廊
禁烟委员会	登隆巷
扬子江水道整理委员会	韩家巷
导淮委员会	复成桥
全国经济委员会筹备处	铁汤池
建设委员会	西华门
蒙藏委员会	曾公祠
侨务委员会	铜银巷
中央公务员惩戒委员会	薛家巷
最高法院	中山北路
行政法院	同上
中央国医馆	长生祠
中央国术馆	头条巷

（乙）地方机关

名称	地址
市党部	奇望街
市政府	夫子庙

社会局	市府内
财政局	市府内
工务局	市府内
清洁总队	市府内
卫生事务所	二道高井
铁路管理处	下关江边
公园管理处	五洲公园
自来水工程处	贡院街
自来水厂	江东门外
屠宰场	汉西门红土山
第一区公所	廊背后
第二区公所	八府塘
第三区公所	白鹭洲
第四区公所	钓鱼台
第五区公所	仓巷桥
第六区公所	保泰街
第七区公所	下关绥远路静海寺
第八区公所	浦口东后河沿
江宁地方法院	新廊
南京警备司令部	道署街
首都警察厅	保泰街
第一警察局	大行宫
第二警察局	绣花巷
第三警察局	贡院街
第四警察局	南城岗
第五警察局	大王府巷
第六警察局	将军庙
第七警察局	下关大马路
第八警察局	浦口合成街
保安总队部	珠宝廊
特务大队部	珠宝廊
侦探队	珠宝廊
消防总队	承恩寺
警士教练所	绣花巷
警察医务所	红花地

（丙）使领馆署

名称	地址
俄国大使馆临时办事处	大方巷
德国公使馆	沈举人巷
法国公使馆驻京办事处	高楼门
英国领事署	萨家湾
美国领事署	三牌楼
法国领事署	和会街
日本领事署	鼓楼

（丁）邮电机关

名称	地址
苏皖邮政管理局	下关大马路
邮政总局	下关大马路
内桥邮政支局	昇平桥
竺桥邮政支局	竺桥
丁家桥邮政支局	丁家桥
汉西门邮政支局	汉西门内二道圈
南门大街邮政支局	南门大街
奇望街邮政支局	奇望街
讲堂街邮政支局	讲堂街
新街口邮政支局	新街口
陵园邮政支局	四方城陵园
鼓楼邮政支局	双龙巷
三牌楼邮政支局	三牌楼
京沪车站邮政支局	京沪车站
南京邮政储金汇业局	大行宫

交通部有线无线电报收发处	大行宫
交通部江苏电政管理局	城南润德里
交通部南京电报局	城南润德里
交通部鼓楼电报局	保泰街
交通部下关电报局	鲜鱼巷德仁里
交通部首都电话局	党公巷
交通部南京无线电台	估衣廊
交通部南京无线电台杨公井收发处	杨公井
交通部南京无线电台下关分收发处	天宝路
中央党部广播无线电台	江东门
中央广播电台	丁家桥
军事委员会直辖无线电台	三元巷
安徽①省政府建设厅无线电台	龚家桥
建设委员会首都电厂	西华门
首都电厂分厂	下关湖北街
首都电厂上新河办事处	上新河

（戊）民众团体

名称	地址
南京市人民自卫指导委员会	市党部内
南京市农会	洪武街
南京市商会	中正街
南京市银行业同业公会	大行宫中国银行
南京市教育会筹备会	大中桥小学
九一八学会	杨将军巷首都女子法政讲习所
中国经济学社	立法院经济委员会转
中国科学社	文德里
中华农学会	双龙巷

① 安徽：原文误为“安微”。

中华林学会	双龙巷
三五法学社	杨将军巷首都女子法政讲习所
中国社会学社	中央大学社会学系转
新亚细亚学会	四牌楼蓁巷
中国政治学会	高楼门管理中英庚款董事会内
中华市政学会	丁官营十一号
中国警察协会	平江府南街
中国佛学会	中山路东段万寿寺
世界佛学会	中山路逸仙桥
中华民国律师协会	二道高井
青年会	中华路

（己）报社

名称①	地址②
中央日报社	珍珠桥
新京日报社	二廊庙
中国日报社	明瓦廊
民生报社	新街口
新民报社	走马巷
新中华报社	贡院西街
新南京晚报社	党公巷
南京晚报社	建康路
青白报社	平江府
人民晚报社	估衣廊
三民导报社	中正路
救国日报社	一枝园
大风日报社	三条巷
新中国报社	长乐街

①②：原文缺，据上下文意补。

远东报社	平江府
评论时报社	西八府塘
边事日报社	绒庄街
中华京报社	许家巷
民治导报社	新街口
社会晨报社	建康路
石头报社	胡家巷
宁报社	旧王府
晓报社	踹布坊
南京晨报社	长乐路
党军日报社	黄埔路
南京人报社	建康路
民信日报社	朝天宫西街
南京日报社	评事街
南京早报社	建康路

（庚）新闻通讯社

名称①	**地址**②
中央通讯社	洪武路
日日新闻社	小丰富巷
正气新闻社	破布营
民族通讯社	洪武路
南京通讯社	党公巷
诚言通讯社	箍桶巷
大道新闻社	抄纸巷
远东新闻社	平江府
光华通讯社	五马街
时事通讯社	长乐街
中华通讯社	半边街
新闻通讯社	白下路

①②：原文缺，据上下文意补。

多闻社	游府西街
新西北通讯社	鸡鹅巷
大公新闻社	小板巷
中国新闻通讯社	白下路
大中华通讯社	内桥湾
政闻通讯社	陆家巷
时事电讯社	洪武路
时时新闻社	党公巷
江宁通讯社	徐家巷
鸣鸣通讯社	百子亭
全球通讯社	淮海路
国西电讯社	百子亭
国光新闻社	华侨路
中原新闻社	新街口
亚光通讯社	建康路
商业新闻社	莲子营
东南通讯社	中正路
国民新闻社	马道街
建国新闻社	中正路
新新通讯社	鸡鹅巷
现代新闻社	信府河
外交电信社	市府路
民权通讯社	估衣廊
捷新通讯社	绒庄街
中国民立新闻社	许家巷
亚洲新闻社	长乐路
大同新闻社	党公巷
大无畏新闻社	洪武路
华夏新闻社	富民坊
华侨通讯社	长乐路
长江通讯社	邀贵井
中国通讯社	汉中路
太平洋通讯社	姚家巷
东亚新闻社	吉兆营
南京边闻电讯社	绒庄街
中国电讯社	淮海路

（辛）杂志社

名称①	地址②
社会杂志社	龙王庙
俄罗斯研究社	傅德桥
妇女共鸣社	成贤街
时事月报社	鼓楼
政治评论社	龚家桥
华侨半月刊社	新街口
青年旬刊社	富民坊
不忘杂志社	新街口
现代生活社	周必由巷
时代公论社	中央大学对面
亚东杂志社	羊皮巷
国民外交杂志社	马府街
动向周刊社	西八府塘
商声社	新桥中市
清道周刊社	邓府巷
电友月刊社	高家酒店
图书评论社	国立编译馆
国际译报社	国府路
国风社	蓁巷
建国月刊社	成贤街
交通杂志社	大丰富巷
劳工月刊社	大石桥
金陵神学志社	汉西门金陵神学院
法律评论社	月牙巷
法治周报社	洪武街
农业周报社	破布营
西北问题报社	狮子桥
每周评论社	汉西门牌楼巷
大公周刊社	绒庄街

①②：原文缺，据上下文意补。

中国革命周刊社	王府园
电业季刊社	大石坝街
革命公论社	石鼓路
司法消息周刊社	汉西门柏果树
社会建设月刊社	狮子桥
农林新报社	金陵大学
儿童生活周刊社	太平路
蒙古前途月刊社	和平门中央政治学校蒙藏班
新青海社	同上
法学丛刊社	丰富路

图书在版编目(CIP)数据

新南京/南京市市政府秘书处编. —南京：南京出版社，2013.4

(南京稀见文献丛刊)

ISBN 978-7-5533-0197-6

Ⅰ.①新… Ⅱ.①南… Ⅲ.①南京市-地方史-史料-民国 Ⅳ.①K295.31

中国版本图书馆 CIP 数据核字(2013)第 049674 号

丛 书 名：南京稀见文献丛刊(第 8 辑)
书　　名：新南京
作　　者：(民国) 南京市市政府秘书处
出版发行：南京出版传媒集团
南 京 出 版 社

社址：南京市老虎桥 18-1 号　　邮编：210018
网址：http://www.njcbs.com　　淘宝网店：http://njpress.taobao.com
电子信箱：njcbs1988@163.com
联系电话：025-83283871、83283864(营销)　025-83283883(编务)

出 版 人：朱同芳
责任编辑：钱　薇
装帧设计：杨晓岗
责任印制：杨福彬

排　　版：南京展望文化发展有限公司
印　　刷：南京工大印务有限公司
开　　本：890×1240 毫米　1/32
印　　张：6.125　　插页 3
字　　数：125 千字
版　　次：2013 年 4 月第 1 版
印　　次：2013 年 4 月第 1 次印刷
书　　号：ISBN 978-7-5533-0197-6
定　　价：26.00 元

营销分类：古籍　方志

《南京稀见文献丛刊》

已出书目

《南唐书》(两种)　(宋)马令　(宋)陆游　定价：50.00元

《六朝事迹编类·六朝通鉴博议》　(宋)张敦颐　(宋)李焘　定价：32.00元

《景定建康志》　(宋)周应合　定价：201.00元

《金陵百咏·金陵杂兴·金陵杂咏·金陵百咏(外一种)》　(宋)曾极　(宋)苏泂　(清)王友亮　(清)汤濂　定价：38.00元

《洪武京城图志·金陵古今图考》　(明)礼部　(明)陈沂　定价：15.00元

《南京·南京》　(明)解缙　(民国)李邵青　定价：12.00元

《金陵梵刹志》　(明)葛寅亮　定价：138.00元

《金陵玄观志》　(明)葛寅亮　定价：22.00元

《金陵琐事·续金陵琐事·二续金陵琐事》　(明)周晖　定价：47.00元

《客座赘语》　(明)顾起元　定价：42.00元

《后湖志》　(明)赵官　等　定价：60.00元

《金陵世纪·金陵选胜·金陵览古》　(明)孙应岳　(清)余宾硕　定价：44.00元

《献花岩志·牛首山志·栖霞小志·覆舟山小志》　(明)陈沂　(明)盛时泰　(民国)汪闇　定价：30元

《留都见闻录·金陵待征录》　(明)吴应箕　(清)金鳌　定价：24.00元

《板桥杂记·续板桥杂记·板桥杂记补》　(明末清初)余怀　(清)珠泉居士　(清末民初)金嗣芬　定价：25.00元

《建康古今记》　(清)顾炎武　定价：16.00元

《白下琐言》　(清)甘熙　定价：26.00元

《盋山志》　(清)顾云　定价：19.00元

《秣陵集》　(清)陈文述　定价：39.00元

《钟山书院志》　(清)汤椿年　定价：30.00元

《随园食单·白门食谱·冶城蔬谱·续冶城蔬谱》　(清)袁枚　(民国)张通之

(清末民初)龚乃保 (民国)王孝煃 定价:24.00元

《承恩寺缘起碑板录·律门祖庭汇志·扫叶楼集·金陵乌龙谭放生池古迹考》

(清)释鹰巢 (清末民初)释辅仁 (民国)海宗鼎 (民国)检斋居士 定价:36.00元

《金陵杂志·金陵杂志续集》 (清末民初)徐寿卿 定价:38.00元

《金陵琐志九种》 (清末民初)陈作霖 (民国)陈诒绂 定价:90.00元

《运渎桥道小志》 (清末民初)陈作霖

《凤麓小志》 (清末民初)陈作霖

《东城志略》 (清末民初)陈作霖

《金陵物产风土志》 (清末民初)陈作霖

《南朝佛志寺》 (清末民初)孙文川 陈作霖

《炳烛里谈》 (清末民初)陈作霖

《钟南淮北区域志》 (民国)陈诒绂

《石城山志》 (民国)陈诒绂

《金陵园墅志》 (民国)陈诒绂

《金陵胜迹志》 (民国)胡祥翰 定价:20.00元

《梁代陵墓考·六朝陵墓调查报告》 (清末民初)张璜 (民国)中央古物保管委员会编辑委员会 定价:60.00元

《金陵岁时记·岁华忆语》 (民国)潘宗鼎 (民国)夏仁虎 定价:13.00元

《秦淮志》 (民国)夏仁虎 定价:15.00元

《明孝陵志》 (民国)王焕镳 定价:27.00元

《金陵大报恩寺塔志》 (民国)张惠衣 定价:23.00元

《首都计划》 (民国)国都设计技术专员办事处 定价:40.00元

《总理陵园管理委员会报告》 (民国)总理陵园管理委员会 定价:138.00元

《总理奉安实录》 (民国)总理奉安专刊编纂委员会 定价:60.00元

《新南京》 (民国)南京市市政府秘书处 定价:26.00元

《陷京三月记》 (民国)蒋公穀著 定价:13.00元

《南京概况》(秘密) (民国)书报简讯社 定价:60.00元